本书得到了浙江省软科学研究计划重点项目"浙江省科技金融服务体系的构建、绩效评价与完善研究"（项目编号：2021C25002）、教育部2021年度省级一流本科专业——金融工程建设点及杭州市一流学科——应用经济学建设点的资助。

浙江省科技金融服务体系构建与完善研究

贺小海　赵　玲　周恺秉　等编著

浙江大学出版社
·杭州·

图书在版编目(CIP)数据

浙江省科技金融服务体系构建与完善研究/贺小海
等编著. —杭州:浙江大学出版社,2023.12
ISBN 978-7-308-24451-0

Ⅰ.①浙… Ⅱ.①贺… Ⅲ.①科学技术－金融－商业
服务－研究－浙江 Ⅳ.①F832.755

中国国家版本馆 CIP 数据核字(2023)第 235003 号

浙江省科技金融服务体系构建与完善研究

贺小海　赵　玲　周恺秉　等编著

责任编辑	陈静毅
责任校对	汪　潇
封面设计	春天书装
出版发行	浙江大学出版社
	(杭州市天目山路 148 号　邮政编码 310007)
	(网址:http://www.zjupress.com)
排　　版	杭州星云光电图文制作有限公司
印　　刷	广东虎彩云印刷有限公司绍兴分公司
开　　本	710mm×1000mm　1/16
印　　张	11
字　　数	186 千
版 印 次	2023 年 12 月第 1 版　2023 年 12 月第 1 次印刷
书　　号	ISBN 978-7-308-24451-0
定　　价	49.00 元

序

我在从事党政工作特别是科技管理工作时,在实践和学习中形成一个清晰而深刻的认知:科技与金融的互动结合乃"天作之合"。

党的二十大报告明确提出,到 2035 年我国要"实现高水平科技自立自强,进入创新型国家前列"。创新驱动发展战略,已经是中国长期的首位战略。创新,首先是科技创新,但不限于科技创新,所以叫全面创新。全面创新,说到底是要通过体制、机制、法律、政策和环境,促进人才、科技、资本等高级创新要素的优化配置,进一步践行"科技是第一生产力"。金融是其中基本的、不可或缺的放大器、助推器。简而言之,创新型国家建设需要科技创新和金融创新双轮驱动。改革开放以来,探索形成的科技金融,就是旨在促进现代科技和现代金融的有机结合,实现科技创新和金融创新的良性互动以及科技资源和金融资源的高效对接。实践证明,科技金融的蓬勃发展,为创新型省份和创新型国家建设提供强有力的战略支撑。多年来,浙江省的科技金融蓬勃发展,为科技创新服务、支撑乃至引领经济和社会发展,是做出了巨大努力和贡献的。当然,金融创新也从中受益良多,相辅相成、相得益彰。有个趋势性现象,大凡科技创新进步显著的地方,也是科技金融十分活跃的地方。我们要加快全面建成社会主义现代化强国,基本前提是要如期进入创新型国家前列。新时代对大力发展科技金融以促进现代科技和现代金融的有机结合提出了新的更高要求,自然也提供了新的更大空间。

如何定义科技金融? 从实践看,是否可以概括为"一个为科技创新主要是科技型中小企业提供全方位、多层次和多渠道金融服务的体系,具体由政府促进体系、风险投资市场、科技信贷市场、科技资本市场、科技担保市场、科技保险市场和绩效评价体系构成"? 科技金融当然要全面服务于科技创新,但鉴于科技型中小企业所处发展阶段的特殊性、弱质性和天生的创新冲动及可能出现的高成长性,科技金融应当突出这个重点导向。这是普惠金融的特性使然。其

1

中,政府促进体系主要由科技金融类政策法规、财政科技投入、科技金融服务中心等组成;风险投资市场是为科技型中小企业提供直接融资服务的天使投资、创业投资以及其他风险投资机构与个人投资者集合体;科技信贷市场是为科技型中小企业提供间接融资服务的科技银行、科技金融事业部、科技支行、科技小贷公司等金融机构集合体;科技资本市场是为科技型中小企业提供直接融资服务的除风险投资市场之外的资本市场;科技担保市场是为科技型中小企业提供专业化金融服务的融资担保公司集合体;科技保险市场是为科技型中小企业提供专业化金融服务的保险公司集合体;绩效评价体系是为评价科技金融其他子体系或子市场的绩效或发展水平而设计出来的综合性指标或指数体系。总体而言,这个框架和这些定义能充分体现科技型中小企业作为创新型国家建设核心力量的特征,能为科技金融服务体系的构建与完善提供理论框架。

早在 1985 年,《中共中央关于科学技术体制改革的决定》就提出:"广开经费来源,鼓励部门、企业和社会集团向科学技术投资。"近 40 年来,我国科技金融工作一直致力于"科技创新和金融创新的良性互动以及科技资源和金融资源的高效对接",从未停歇,效果显著。浙江人历来具有"弄潮儿"的性格和禀赋,浙江省的科技金融工作尤其在科技金融服务体系的构建与完善方面也一直走在前列,科技金融产品和服务成效可圈可点。浙江省的杭州、宁波、温州和湖州等市均为国家促进科技和金融结合试点城市,而且试点成绩斐然。根据清科研究中心所发布的《中国城市科技金融发展指数》,杭州市科技金融发展指数在2019 年、2020 年、2021 年分别排名第四、第四、第五。虽然同北京、上海和深圳比较,尚存差距,但是以浙江省各地级市尤其是杭州市的科技金融各子体系或子市场为例进行研究分析是颇有典型性的,相信不仅对浙江省本身,还对我国科技金融服务体系的构建与完善具有重要的参考和借鉴意义。

《浙江省科技金融服务体系构建与完善研究》既有对科技金融各子体系或子市场的理论概述,也有国内外尤其是浙江省科技金融各子体系或子市场的发展实践总结,具有较高的理论与实践价值。该书所得出的结论,诸如"浙江省财政科技投入的主要特征表现为以财政科技间接投入为主体""浙江省风险投资市场已逐步形成以国有风险投资公司为先导且以民营风险投资公司为主体的发展格局""杭州银行前期的科技支行和后期的科技文创金融事业部在浙江省甚至全国科技信贷市场一直发挥着'领头羊'作用""浙江省股权交易中心在浙江省政府的指导下,'建特色板、发首单私募债、做重组改制、陪企业成长、迎创新试点',在全国科技资本市场一直发挥着'排头兵'作用""杭州高科技融资担保有限公司走在全国政府性科技担保公司的前头,其发展经验值得借鉴""太平科技保险股份有限公司是浙江省科技保险市场的一大亮点,其发展实践值得推广"等,都来源于实践探索,可能不尽完美,但是可以为我国各地科技金融服务体系的构建与完善提供启示和借鉴。难能可贵的是该书坚持问题导向,还研究分析了科技金融发展中的短板和问题,提出了不少针对性比较强的建议,诸如"应构建完善严格意义上的浙江省科技金融服务中心""应以浙江省风险投资市场建设为中心""应推广像杭州银行科技文创金融事业部那样采用一级分行建制的科技金融事业部""应构建完善层次分明的浙江省科技型中小企业培育库""应在各地级市推动建立像杭州高科技融资担保有限公司那样的政府性科技担保公司""应推动建立像太平科技保险股份有限公司那样的科技保险公司""应采用层次分析法构建完善浙江省科技金融绩效评价体系"等,不仅会推动浙江省的科技金融创新发展,还能为我国其他省(区、市)科技金融服务体系的构建与完善提供新视野和新方法。这些新战略、新思路、新视野和新方法符合实际,值得肯定。

相信该书的付梓,将推动科技金融创新与发展的进程。科技金融创新与发展是一个非常有价值的研究课题。希望该书能引起业界和学界的广泛关注,进一步深化科技金融的实践探索。

还要补充说一下。社会上往往把科技金融与金融科技混为一谈,以致造成诸多误会。金融科技是促进金融创新和发展的技术和工具,所以称为金融技术更为确切。

是为序。

周国辉

2023 年 3 月于杭州

目　录

第一章
导论

一、概念界定

(一)科技金融

科技金融旨在促进科技和金融的有机结合以及科技创新和金融创新的良性互动。鉴于科技型企业是科技开发、科技成果转化和产业化发展的重要载体,也是亟须金融机构针对其特点和需求提供全方位、多层次、个性化金融服务的主要载体,加之科技金融发展是一个外生制度安排、内生整合互动的系统工程,因此,科技金融可定义为"一个为科技型企业提供金融服务的体系,具体由政府促进体系、风险投资市场、科技信贷市场、科技资本市场、科技担保市场和科技保险市场构成"①。

科技型企业是我国产业结构优化、经济转型升级、自主创新能力增强、创新型国家建设的核心力量,也是我国科技创新与技术成果转化、高新技术产业发展、战略性新兴产业培育的重要载体。科技型企业根据规模大小,可分为科技型中小企业和科技型大企业;根据生命周期所处阶段,可分为科技型种子企业、科技型初创企业、科技型成长企业、科技型成熟企业和科技型衰退企业。这里,科技型中小企业与科技型种子企业、科技型初创企业、科技型成长企业相对应,而科技型大企业则是指科技型成熟企业和科技型衰退企业。与科技型中小企

---

① 赵玲,周恺秉,贺小海,等.我国科技金融体系构建研究:以杭州为例[M].杭州:浙江大学出版社,2018.

1

业相比而言,科技型大企业由于资产规模大、收益率稳定、经营风险较低,可向金融机构传递诸如企业财务报表、信用记录、抵押担保品、产量价格等有效的"硬信息",无须政府干预就能与它们合作共赢。① 因此,本书的研究对象主要是科技型中小企业,而不是科技型大企业。于是,科技金融就可进一步定义为"一个为科技型中小企业提供全方位、多层次和多渠道金融的服务体系,具体由政府促进体系、风险投资市场、科技信贷市场、科技资本市场、科技担保市场、科技保险市场与绩效评价体系构成"②。其中,政府促进体系主要由科技金融类政策法规、财政科技投入、科技金融服务中心等组成;风险投资市场是为科技型中小企业提供直接融资服务的天使投资、创业投资以及其他风险投资机构与个人投资者集合体;科技信贷市场是为科技型中小企业提供间接融资服务的科技银行、科技金融事业部、科技支行、科技小贷公司等金融机构集合体;科技资本市场是为科技型中小企业提供直接融资服务的除风险投资市场之外的资本市场;科技担保市场是为科技型中小企业提供专业化金融服务的融资担保公司集合体;科技保险市场是为科技型中小企业提供专业化金融服务的保险公司集合体;绩效评价体系是为评价科技金融其他子体系或子市场的绩效或发展水平而

---

① 科技型大企业中的科技型衰退期企业极有可能会被商业银行和资本市场抛弃,不能与它们合作共赢,但这是市场行为,不存在市场失灵情况,无须政府干预。

② "科技金融"一词源自我国探索科技与金融结合以促进科技与经济发展的实践活动与理论研究,是一个具有国情特色的政策术语与学术概念。目前,对科技金融所下的典型定义有:(1)科技金融是促进科技开发、成果转化和高新技术产业发展的一系列金融工具、金融制度、金融政策与金融服务的系统性、创新性安排,是由向科学和技术创新活动提供金融资源的政府、企业、市场、社会中介机构等各种主体及其在科技创新融资过程中的行为活动共同组成的一个体系,是国家科技创新体系和金融体系的重要组成部分(赵昌文,陈春发,唐英凯. 科技金融[M]. 北京:科学出版社,2009.)。(2)科技金融是金融资源供给者依托政府科技与金融结合的创新平台,通过对创投、保险、证券、担保及其他金融机构主体等金融资源进行全方位的整合创新,为科技型企业在整个生命周期中提供创新性、高效性、系统性的金融资源配置、金融产品设计和金融服务安排,以促进科技型企业对金融资源或资本需求的内生性优化,进而保障企业技术革新有效提升并推动整个高新技术产业链加速发展的一种金融业态(李心丹,束兰根. 科技金融:理论与实践[M]. 南京:南京大学出版社,2013.)。(3)科技金融是一种创新活动,即科学知识和技术发明被企业家转化为商业活动的融资行为总和;是一种技术—经济范式,即技术革命是新经济模式的引擎,金融是新经济模式的燃料,二者合起来就是新经济模式的动力所在;是一种科学技术资本化过程,即科学技术被金融资本孵化为一种财富创造工具的过程;是一种金融资本有机构成提高的过程,即同质化的金融资本通过科学技术异质化的配置,获取高附加回报的过程[房汉廷. 创新视角下的科技金融本质[J]. 高科技与产业化,2016(3):40-45.]。

设计出来的综合性指标或指数体系。

（二）科技型中小企业

科技型中小企业是科技型企业与中小企业两个概念的综合。目前，在科技金融类政策法规中对科技型中小企业所下的典型定义及其认定条件如下。

（1）科技型中小企业（初创期科技型中小企业）是指主要从事高新技术产品研究、开发、生产和服务，成立期限在 5 年以内的非上市公司。其认定条件有：具有企业法人资格；职工人数在 300 人以下，具有大专以上学历的科技人员占职工总数的比例在 30％以上，直接从事研究开发的科技人员占职工总数比例在 10％以上；年销售额在 3000 万元以下，净资产在 2000 万元以下，每年用于高新技术研究开发的经费占销售额的 5％以上[1]。

（2）科技型中小企业是我国技术创新的主要载体和经济增长的重要推动力量，在促进科技成果转化和产业化、以创新带动就业、建设创新型国家中发挥着重要作用。其认定条件有：符合中小企业国家标准；企业产品（服务）属于《国家重点支持的高新技术领域》的范围，即电子信息技术、生物与新医药技术、航空航天技术、新材料技术、高技术服务业、新能源及节能技术、资源与环境技术、高新技术改造传统产业；企业当年研究开发费（技术开发费）占企业总收入的 3％以上；企业有原始性创新、集成创新、引进消化再创新等可持续的技术创新活动，有专门从事研发的部门或机构。[2]

（3）科技型中小企业是指从事高新技术产品研发、生产和服务的中小企业群体，在提升科技创新能力、支撑经济可持续发展、扩大社会就业等方面发挥着重要作用。[3]

---

[1] 财政部，科技部.科技型中小企业创业投资引导基金管理暂行办法[EB/OL].（2007-07-13）[2020-12-01]. https://www.most.gov.cn/ztzl/gjzcctx/ptzcjrzc/200802/t20080225_59300.html.

[2] 中国银行业监督管理委员会，中华人民共和国科学技术部.关于进一步加大对科技型中小企业信贷支持的指导意见[EB/OL].（2009-05-21）[2020-12-01]. https://www.most.gov.cn/tztg/200905/t20090520_69815.html.

[3] 科技部.科技部关于进一步推动科技型中小企业创新发展的若干意见[EB/OL].（2015-01-15）[2020-12-01]. https://www.most.gov.cn/xxgk/xinxifenlei/fdzdgknr/fgzc/gfxwj/gfxwj2015/201501/t20150115_117754.html.

(4)科技型中小企业是指拥有一定的科技人员,拥有自主知识产权、专有技术或先进知识,主要从事高新技术及其产品的研制、开发、生产、销售和服务的中小微型企业。其认定条件有:在本省登记注册成立一年以上,产权明晰,实行独立核算、自主经营、自负盈亏的经济实体;拥有自主知识产权、专有技术或先进知识,包括专利(申请或授权)、标准、商标、经认定的科技成果和其他专有技术,并具有基于自主知识产权、专有技术或先进知识获得的产品或服务;企业具备较强的创新意识,企业从事研发和相关技术活动的科技人员占企业当年职工总数的比例原则上不低于10%;企业具有一定的科技创新经费投入并具有持续开展科技创新活动的能力;企业规模符合工业和信息化部、国家统计局、发展改革委、财政部联合印发的《中小企业划型标准规定》(工信部联企业〔2011〕300号)要求,企业范围包括农业、工业和服务业等科技型企业。[①]

(5)科技型中小企业是指依托一定数量的科技人员从事科学技术研究开发活动,取得自主知识产权并将其转化为高新技术产品或服务,从而实现可持续发展的中小企业。其认定条件有:在中国境内注册的居民企业;职工总数不超过500人,年销售收入不超过2亿元,资产总额不超过2亿元;企业提供的产品和服务不属于国家规定的禁止、限制和淘汰类;企业在填报上一年及当年内未发生重大安全、重大质量事故和严重环境违法、科研严重失信行为,且企业未列入经营异常名录和严重违法失信企业名单;企业根据科技型中小企业评价指标进行综合评价所得分值不低于60分,且科技人员指标得分不得为0分。[②]

(6)科技型中小企业(初创期企业)是指主要从事高新技术产品研发、生产和服务或具有商业模式创新等的非上市企业。其认定条件有:职工人数在500

---

① 浙江省科技厅. 浙江省科学技术厅关于印发《浙江省科技型中小企业认定管理办法》的通知[EB/OL]. (2016-04-29)[2020-12-01]. http://kjt.zj.gov.cn/art/2016/4/29/art_1229080140_650803.html.

② 科技部,财政部,国家税务总局. 科技部　财政部　国家税务总局关于印发《科技型中小企业评价办法》的通知[EB/OL]. (2017-05-10)[2020-12-01]. https://www.most.gov.cn/xxgk/xinxifenlei/fdzdgknr/fgzc/gfxwj/gfxwj2017/201705/t20170510_132709.html.

人以下；上一年度销售额在 5000 万元以下，国家级高新技术企业可放宽至 1 亿元。①

（7）科技型中小企业（初创期科技企业、中小科技企业）是指依法注册设立，主要从事高新技术产品研究、开发、生产和服务，经营规模较小的科技型中小微企业。其认定条件有：具有独立企业法人资格；原则上企业在职职工人数在 300 人以下；企业上一年度年销售额在 2000 万元以下，或净资产在 2000 万元以下；已认定国家重点扶持高新技术企业的，上一年度年销售额在 5000 万元以下，或净资产在 5000 万元以下。②

综上可知，目前对科技型中小企业尚无标准统一的定义和认定条件。本书拟另辟蹊径，将科技型中小企业定义为"在国家或省、自治区、直辖市或其他城市设立的科技型中小企业培育库登记注册的科技型中小企业"。科技型中小企业培育库应采用注册制，其主要特征有：

（1）从事具有一定技术含量和技术创新性产品的研发、生产和服务，符合国家产业、技术政策，知识产权明晰的非上市中小企业均可登记注册；

（2）具体认定条件由国家、省、自治区、直辖市或其他城市的主管部门自主给定；

（3）在职从业人员、销售收入等指标有上限值但无下限值，鼓励科技型中小企业登记注册，而科技型大企业则不予登记注册；

（4）在登记注册中存在严重弄虚作假的注册企业取消其科技型中小企业资格；

（5）在职从业人员、销售收入等指标达上限值的注册企业取消其科技型中小企业资格；

（6）在一定时期内未被政府促进体系、风险投资市场、科技信贷市场、科技

---

① 杭州市人民政府办公厅. 杭州市人民政府办公厅转发市发改委、市财政局关于《杭州市创业投资引导基金管理办法》的通知[EB/OL].（2019-05-24）[2020-12-01]. http://www. hangzhou. gov. cn/art/2019/5/24/art_1229063382_1760230. html.

② 杭州市科学技术局，杭州市财政局. 杭州市科学技术局、杭州市财政局关于印发《杭州市天使投资引导基金管理办法》的通知[EB/OL].（2021-07-07）[2022-06-10]. http:// www. hang-zhou. gov. cn/art/2021/7/7/art_1229549172_7247. html.

资本市场等科技金融子体系或子市场提供过金融服务的注册企业取消其科技型中小企业资格。

二、研究内容

科技金融服务体系由政府促进体系、风险投资市场、科技信贷市场、科技资本市场、科技担保市场、科技保险市场和绩效评价体系构成。本书将对上述科技金融各子体系或子市场进行概述，并在此基础上对浙江省科技金融各子体系或子市场构建或发展实践进行分析，进而得出结论并提出建议。本书共分为八章，分别为"第一章　导论""第二章　政府促进体系""第三章　风险投资市场""第四章　科技信贷市场""第五章　科技资本市场""第六章　科技担保市场""第七章　科技保险市场""第八章　绩效评价体系"。

本书所得出的结论有：

（1）浙江省政府部门推出了一系列科技金融类政策法规；

（2）浙江省财政科技投入的主要特征表现为以财政科技间接投入为主体；

（3）浙江省目前尚无省级和省会城市级别的科技金融服务中心；

（4）美国风险投资市场发展主要采用"官助民营"模式，其良性发展离不开美国政府和美国风险投资协会的大力支持以及纳斯达克市场的成功创建；

（5）浙江省风险投资市场发展主要采用"官助民营"模式且正在发展中，但是，杭州市高科技投资有限公司、浙江省创业风险投资行业协会、浙江省股权投资行业协会、浙江省天使投资专业委员会等组织机构的引导作用也有待进一步加强；

（6）浙江省风险投资市场已逐步形成以国有风险投资公司为先导且以民营风险投资公司为主体的发展格局；

（7）硅谷银行是美国科技信贷市场发展实践的典范，其成功之处主要表现为将目标客户确定为科技型中小企业并将经营模式确立为投贷联动；

（8）浙江省既无像浦发硅谷银行那样具有法人资格的科技银行，也无像"江苏模式"那样采用"利息＋期权"乃至"利息＋股权＋期权"盈利模式的科技小贷公司典范，但有国家政策性银行、国有控股商业银行、全国性股份制商业银行、

城市商业银行等设立的科技金融处、科技支行或科技企业信贷部,其科技信贷市场规模也越来越大;

(9)杭州银行前期的科技支行和后期的科技文创金融事业部在浙江省甚至全国科技信贷市场一直发挥着"领头羊"作用;

(10)科技资本市场主要包括创业板市场、科创板市场、新三板市场、区域性股权交易市场、中小企业集合债、中小企业私募债等;

(11)纳斯达克市场是美国科技资本市场发展实践的典范,其成功原因可部分归结为层次分明的金字塔结构和严格的升降板规定;

(12)浙江省股权交易中心在浙江省政府的指导下,"建特色板、发首单私募债、做重组改制、陪企业成长、迎创新试点",在全国科技资本市场一直发挥着"排头兵"作用;

(13)我国科技担保市场尚处于初步发展阶段,亟须大力发展专门服务科技型中小企业的政府性科技担保公司和民营科技担保公司;

(14)美国、日本、德国、英国、以色列、韩国、印度等国家都有较为完善的中小企业信用担保体系,但严格意义上的专门服务科技型中小企业的科技担保市场还不够成熟;

(15)杭州高科技融资担保有限公司走在全国政府性科技担保公司的前头,其发展经验值得借鉴;

(16)我国科技保险市场正在大力发展中;

(17)浙江省科技保险工作在大力推进中,其市场规模也在不断扩大中;

(18)太平科技保险股份有限公司是浙江省科技保险市场的一大亮点,其发展实践值得推广;

(19)科技金融绩效评价体系一般可采用层次分析法进行构建;

(20)我国科技金融绩效评价体系构建实践主要体现在清科研究中心发布的《中国城市科技金融发展指数》;

(21)浙江省目前尚未构建科技金融绩效评价体系。

本书所提出的建议有：

(1)应颁布一部涵盖科技金融各子体系或子市场的综合性政策法规；

(2)应着眼于科技型种子企业和科技型初创企业；

(3)应构建完善严格意义上的浙江省科技金融服务中心；

(4)应以浙江省风险投资市场建设为中心；

(5)应培育"容忍失败和破产"的创投文化；

(6)应完善风险资本的退出渠道；

(7)应创建像浦发硅谷银行那样具有法人资格的科技银行；

(8)应推广像杭州银行科技文创金融事业部那样采用一级分行建制的科技金融事业部；

(9)应发展像"江苏模式"那样采用"利息＋期权"乃至"利息＋股权＋期权"盈利模式的科技小贷公司；

(10)应构建完善层次分明的浙江省科技型中小企业培育库；

(11)应加强建设以浙江省股权交易中心为"体"的浙江股权服务集团；

(12)应大力发展中小企业私募债；

(13)应构建完善省、市、县三级联动的科技担保体系；

(14)应在各地级市推动建立像杭州高科技融资担保有限公司那样的政府性科技担保公司；

(15)应在全省范围内鼓励发展民营科技担保公司；

(16)应构建完善像"杭信贷"那样的政银担保合作体系；

(17)应推动建立像太平科技保险股份有限公司那样的科技保险公司；

(18)应鼓励传统的保险公司设立科技保险专营机构；

(19)应采用层次分析法构建完善"浙江省科技金融绩效评价体系"；

(20)应定期发布像清科研究中心《中国城市科技金融发展指数》那样的浙江省科技金融综合指数和分项指数；

(21)应设计开发"浙江省科技金融绩效评价专门指数"。

三、研究意义

(一)为浙江省科技金融发展提供新战略

2011 年,浙江省的杭州市、宁波市、温州市和湖州市被批准为国家促进科技和金融结合试点城市。在此背景下,本书将科技金融视为一个服务体系,这是创新之举。在此基础上,本书逐一分析浙江省科技金融各子体系或子市场并提出建议。这能为浙江省制定科技金融类政策法规提供依据,也能为其科技金融发展提供新战略。

(二)为我国科技金融发展提供新思路

科技金融发展是我国实施自主创新战略,实现产业转型升级,转变经济发展方式的重大举措。自 1985 年《中共中央关于科学技术体制改革的决定》颁布以来,我国政府推出了一系列科技金融类政策法规并以此促进科技与金融的有机结合,多管齐下,效果显著,但问题亦突出,且缺乏系统性。本书将科技金融视为一个服务体系,进而将科技金融发展视为一个系统工程,对科技金融各子体系或子市场进行概述,并在此基础上对浙江省科技金融各子体系或子市场构建或发展实践进行分析,进而得出结论并提出建议。这能为我国科技金融发展提供新思路。

(三)为我国科技金融研究提供新视角

我国科技金融研究一直滞后于其实践。自 2006 年以来,随着科技金融试点工作的深入推进,科技金融研究不断升温,科技金融文献也不断丰富,但这些研究文献要么是对科技金融一般问题的笼统分析,有泛泛而谈、不着边际之嫌;要么是对科技金融某一子体系或子市场的集中分析,有一叶障目、不见泰山之感。本书则旨在将两者结合,不仅将科技金融视为一个服务体系,对其进行全面分析,也对其各子体系或子市场构建或发展实践进行分析,进而得出结论并提出建议。这能为我国科技金融研究提供新视角。

第二章
政府促进体系

一、政府促进体系概述

政府促进体系主要由科技金融类政策法规、财政科技投入、科技金融服务中心等组成。

(一)科技金融类政策法规

自 1985 年《中共中央关于科学技术体制改革的决定》颁布以来,我国政府部门推出了一系列与科技金融或"科技和金融结合"相关的科技金融类政策法规。其中,具有总括性或战略性的科技金融类政策法规主要有:《中共中央关于科学技术体制改革的决定》(1985)、《中华人民共和国科学技术进步法》(1993、2007、2021)、《中华人民共和国促进科技成果转化法》(1996、2015)、《中华人民共和国证券法》(1998、2005、2019)、《中华人民共和国中小企业促进法》(2002、2017)、《国家中长期科学和技术发展规划纲要(2006—2020)》及其配套政策(2005、2006)、《促进科技和金融结合试点实施方案》(2010)、《关于进一步做好中小企业金融服务工作的若干意见》(2010)、《关于促进科技和金融结合加快实施自主创新战略的若干意见》(2011)、《关于深化科技体制改革加快国家创新体系建设的意见》(2012)、《关于进一步做好小微企业金融服务工作的指导意见》(2013)、《关于金融支持小微企业发展的实施意见》(2013)、《关于大力推进体制机制创新　扎实做好科技金融服务的意见》(2014)、《关于进一步推动科技型中小企业创新发展的若干意见》(2015)、《关于深化体制机制改革加快实施创新驱动发展战略的若干意见》(2015)、《国家创新驱动发展战略纲要》(2017)、《国务院关于强化实施创新驱动发展战略 进一步推进大众创业万众创新深入发展的意见》(2017)、《国务院关于推动创新创业高质量发展 打造"双创"升级版的意见》(2018)、《上海市、南京市、杭州市、合肥市、嘉兴市建设科创金融改革试验区总体方案》(2022)等。

针对科技金融服务体系中各子体系或子市场的科技金融类政策法规主要有:《关于积极开展科技信贷的联合通知》(1985)、《国家高新技术产业开发区若干政策的暂行规定》(1991)、《关于批准国家高新技术产业开发区和有关政策规定的通知》(1991)、《关于加快发展我国风险投资事业的几点意见》(1998)、《关于建立风险投资机制的若干意见》(1999)、《外商投资创业投资企业管理规定》(2003)、《关于推进资本市场改革开放和稳定发展的若干意见》(2004)、《创业投资企业管理暂行办法》(2005)、《关于商业银行改善和加强对高新技术企业金融服务的指导意见》(2006)、《关于企业技术创新有关企业所得税优惠政策的通知》(2006)、《关于加强中小企业信用担保体系建设的意见》(2006)、《关于保险业改革发展的若干意见》(2006)、《关于加强和改善对高新技术企业保险服务有关问题的通知》(2006)、《关于进一步支持出口信用保险为高新技术企业提供服务的通知》(2006)、《科技企业孵化器(高新技术创业服务中心)认定和管理办法》(2006)、《关于促进创业投资企业发展有关税收政策的通知》(2007)、《关于产业技术研究与开发资金试行创业风险投资的若干指导意见》(2007)、《关于确定第一批科技保险创新试点城市的通知》(2007)、《科技型中小企业创业投资引导基金管理暂行办法》(2007)、《建立和完善知识产权交易市场的指导意见》(2007)、《关于开展科技保险创新试点工作的通知》(2007)、《关于促进国家高新技术产业开发区进一步发展 增强自主创新能力的若干意见》(2007)、《关于创业投资引导基金规范设立与运作的指导意见》(2008)、《高新技术企业认定管理办法》(2008、2016)、《关于银行建立小企业金融服务专营机构的指导意见》(2008)、《关于进一步加大对科技型中小企业信贷支持的指导意见》(2009)、《关于实施创业投资企业所得税优惠问题的通知》(2009)、《关于加强知识产权质押融资与评估管理支持中小企业发展的通知》(2010)、《融资性担保公司管理暂行办法》(2010)、《关于进一步做好科技保险有关工作的通知》(2010)、《国家科技成果转化引导基金管理暂行办法》(2011)、《关于促进股权投资企业规范发展的通知》(2011)、《新兴产业创投计划参股创业投资基金管理暂行办法》(2011)、《关于进一步促进资本市场健康发展的若干意见》(2014)、《关于加快发展现代保险服务业的若干意见》(2014)、《关于深化中央财政科技计划(专项、基金等)管理改革的方案》(2014)、《国家科技成果转化引导基金设立创业投资子基金管理暂行办法》(2014)、《关于进一步促进资本市场健康发展的若干意见》(2014)、《关于发挥资本市场作用助推经济转型升级的若干意见》(2015)、《国家科技成果转化引导基金贷款风险补偿管理暂行办法》(2015)、《关于进一步推动知识产权金融服务工作的意见》(2015)、《关于促进融资担保行业加快发展的意见》(2015)、《关于开展首台(套)重大技术装备保险补偿机制试点工作的通知》(2015)、《关于进一步推动知识产权金融服务工作的意见》(2015)、《大力发展信用保证保险、服务和支持小微企业的指导意见》(2015)、《关于完善研究开发费用税前加计扣除政策的通知》(2015)、《发展众创空间工作指引》(2015)、《关于发展众创空间推进大众创新创业的指导意见》(2015)、《关于加快众创空间发展服务实体经济转型升级的指导意见》(2016)、《专业化众创空间建设工作指引》(2016)、《关于支持银行业金融机构加大创新力度开展科创企业投贷联动试点的指导意见》(2016)、《关于促进创业投资持续健康发展的若干意见》(2016)、《关于完善股权激励和技术入股有关所得税政策的通知》(2016)、《关于规范发展区域性股权市场的通知》(2017)、《融资担保公司监督管理条例》及四项配套制度(2017)、《科技型中小企业评价办法》(2017)、《国家众创空间备案暂行规定》(2017)、《关于创业投资企业和天使投资个人有关税收试点政策的通知》(2017)、《关于提高研究开发费用税前加计扣除比例的通知》(2018)、《科技企业孵化器管理办法》(2018)、《关于科技企业孵化器 大学科技园和众创空间税收政策的通知》(2018)、《科技企业孵化器评价指标体系》(2019)、《关于技术市场发展的若干意见》(2018)、《关于在上海证券交易所设立科创板并试点注册制的实施意见》(2019)、《国家大学科技园管理办法》(2019)、《关于促进国家大学科技园创新发展的指导意见》(2019)、《关于进一步加强知识产权质押融资工作的通知》(2019)、《中华人民共和国外商投资法》(2020)、《关于全国中小企业股份转让系统挂牌公司转板上市的指导意见》(2020)、《上市公司创业投资基金股东减持股价的特别规定》(2020)、《国家科学技术奖励条例》(2020)、《关于促进国家高新技术产业开发区高质量发展的若干意见》(2020)、《关于做好政府性融资担保机构监管工作的通知》(2020)、《关于加强小额贷款公司监督管理的通知》(2020)、《融资租赁公司监督管理暂行办法》(2020)、《国家高新技术产业开发区综合评价指标体系》(2021)等。

(二)财政科技投入

财政科技投入是指国家或地方财政预算中用于发展科技型中小企业的各项支出,可分为财政科技直接投入和财政科技间接投入。前者是指直接投放于科技型中小企业的各项支出,如无偿资助资金、偿还性资助资金、奖励资金、税收减免等;后者是指通过对银行、创投、证券、担保、保险及其他金融机构进行风险补偿、资助、阶段参股等而对科技型中小企业产生间接影响的各项支出,如创业投资引导基金、天使投资引导基金、政府产业基金、风险资金池、风险补偿资金、科技贷款贴息资金、科技保险补助资金、政策性担保资金等。[1]

(三)科技金融服务中心

科技金融服务中心是指由国家或地方政府主要领导牵头组建,对其辖区的科技企业孵化器、大学科技园、众创空间、高新技术产业开发区、双创示范基地、科创中心、特色小镇、科技城等进行管理,并整合财政科技投入、风险投资、科技信贷、科技担保、科技保险等各类资本要素,为科技型中小企业提供全方位、多层次和多渠道金融服务的综合性组织机构。其性质、特点与功能具体为:

(1)应由国家或地方政府主要领导牵头,具体由相关部门如科技、财税、金融以及"一委一行两会"或"一行两局"共同组建而成。

(2)应由科技型中小企业培育库、政府促进平台、风险投资平台、科技信贷平台、科技资本平台、科技担保平台、科技保险平台、绩效评价平台等整合而成。其中,科技型中小企业培育库是科技金融服务中心的重中之重。此培育库可采用注册制,即从事具有一定技术含量和技术创新性产品的研发、生产和服务,符

---

① 吴结兵,吴佳,吴妍. 地方政府的科技投入模式及其绩效[J]. 西安电子科技大学学报(社会科学版),2012,22(6):1-6.

合国家产业、技术政策,知识产权明晰的非上市中小企业均可登记注册,但在一定时期内未被政府促进平台、风险投资平台、科技信贷平台、科技资本平台、科技担保平台或科技保险平台提供过金融服务的注册企业则取消其科技型中小企业资格。

(3)应致力于制定并实施科技金融类政策法规并创新财政科技投入方式;应对其辖区的科技企业孵化器、大学科技园、众创空间、高新技术产业开发区、双创示范基地、科创中心、特色小镇、科技城等进行综合管理;应对其辖区的财政科技投入、风险投资、科技信贷、科技担保、科技保险等各类资本要素进行有效整合,从而为科技型中小企业提供全方位、多层次和多渠道的金融服务。

二、浙江省政府促进体系构建实践

(一)浙江省科技金融类政策法规

为配合国家科技金融工作,浙江省先后制定出台了《浙江省科学技术进步条例》(1997、2002、2011、2016)、《浙江省鼓励发展风险投资的若干意见》(2000)、《浙江省科技型中小企业认定工作实施意见》(2002)、《浙江省技术市场条例》(2004)、《浙江省专利保护条例》(2005)、《浙江省促进科技成果转化条例》(2004、2017)、《关于加快科技企业孵化器建设与发展的若干意见》(2005)、《关于浙江金融业深化改革加快发展的若干意见》(2008)、《浙江省小额贷款公司试点暂行管理办法》(2008、2018)、《浙江省创业风险投资引导基金管理办法》(2009)、《浙江省高新技术促进条例》(2009)、《关于促进股权投资基金发展的若干意见》(2009)、《浙江省省级科技企业孵化器认定和管理办法(试行)》(2009)、《浙江省专利权质押贷款管理办法》(2009)、《关于进一步促进科技与金融结合的若干意见》(2011)、《关于扩大小额贷款保证保险试点工作意见的通知》(2011)、《关于浙江省融资性担保公司管理试行办法的通知》(2011)、《关于在我省科技企业中开展科技保险试点工作的通知》(2012)、《关于开展专利保险试点工作的指导意见》(2013)、《关于进一步加快科技企业孵化体系建设的若干意见》(2014)、《关于开展科技型中小企业贷款保证保险工作的通知》(2014)、《浙江省省级科技型中小企业扶持和科技发展专项资金管理办法》(2014)、《关于加快培育发展科技型小微企业的若干意见》（2014）、《浙江省人民政府关于进一步发挥保险功能作用促进我省经济社会发展的意见》（2014）、《关于进一步推进专利权质押融资工作发展的若干意见》（2015）、《浙江省转型升级产业基金管理办法》（2015、2019）、《关于进一步加强技术市场体系建设促进科技成果转化产业化的意见》（2015）、《关于促进小额贷款公司创新发展的意见》（2015）、《关于推进政策性融资担保体系建设的意见》（2015）、《关于进一步完善和推进小额贷款保证保险工作的意见》（2015）、《关于加快发展众创空间促进创业创新的实施意见》（2015）、《浙江省众创空间管理与评价试行办法》（2015）、《加强高新技术产业园区（科技城）知识产权工作的指导意见》（2015）、《关于加快特色小镇规划建设的指导意见》（2016）、《关于发挥科技创新作用推进浙江特色小镇建设的意见》（2016）、《浙江省科技型中小企业认定管理办法》（2016）、《浙江省高成长科技型中小企业评价指导性意见》（2016）、《浙江省科学技术奖励办法》（2019、2021）、《关于促进融资担保行业健康发展的实施意见》（2019）、《关于浙江省服务科技型中小企业加快创新发展的通知》（2019）、《浙江省特色小镇产业金融联动发展基金组建运作方案》（2019）、《关于推动创新创业高质量发展打造"双创"升级版的实施意见》（2019）、《浙江省地方金融条例》（2020）、《浙江省技术转移体系建设实施方案》（2020）、《关于加快促进高新技术产业开发区（园区）高质量发展的实施意见》（2021）、《浙江省科技企业"双倍增"行动计划（2021—2025）》（2020）、《浙江省科技创新发展"十四五"规划》（2021）、《浙江省融资担保公司监督管理办法（试行）》（2021）、《浙江省融资担保公司分类监管评级方法（征求意见稿）》（2021）、《浙江省科技企业孵化器管理办法》（2021）、《浙江省众创空间备案管理办法》（2021）、《浙江省科技领军企业管理办法》（2022）等相关的科技金融类政策法规。

　　浙江省共有 11 个地级市。其中，杭州市、宁波市、温州市和湖州市均被确定为国家促进科技和金融结合试点城市。尤其是杭州市，根据清科研究中心所发布的《中国城市科技金融发展指数》，其科技金融发展指数在 2019 年、2020年、2021 年分别排名第四、第四、第五，一般只低于北京市、上海市和深圳市。因此，下面以杭州市为例，对其科技金融类政策法规进行分析。为了配合国家和浙江省科技金融工作，杭州市先后制定出台了《杭州市科技型中小企业技术创新资金资助管理办法》(2003)、《杭州市科技型中小企业技术创新资金项目奖励办法》(2003)、《杭州市科技创业种子资金资助管理办法》(2003、2010)、《杭州市民营科技企业信用再担保资金使用试行办法》(2004)、《杭州市科技企业孵化器专项资金管理办法》(2004)、《杭州市科技企业孵化器认定考核实施意见》(2004)、《杭州市科技型中小企业技术创新资金项目奖励办法》(2004)、《杭州市科技成果转化项目资助管理暂行办法》(2004)、《杭州市科技型初创企业培育工程实施方案》(2005)、《关于促进创新型企业融资担保的试行办法》(2006)、《杭州市中小企业信用担保机构风险补偿资金管理暂行办法》(2008)、《杭州市创业投资引导基金管理办法》(2008、2010、2019)、《关于开展小企业贷款风险补偿工作的通知》(2008)、《杭州市科技企业孵化器建设考核与奖励实施细则(试行)》(2008)、《杭州市科技企业孵化器实施创业导师行动的若干指导意见(试行)》(2008)、《杭州市科技型中小企业认定工作实施意见(试行)》(2009)、《杭州市信用担保联盟构建及运营管理办法(试行)》(2009)、《关于开展杭州市科技型初创企业培育工程(雏鹰计划)的实施意见》(2010)、《杭州市科技型初创企业培育工程"雏鹰杯"评比奖励办法》(2010)、《杭州市科技型初创企业"联合天使担保"补偿试行办法》(2011)、《关于加强科技金融财政扶持政策的通知》(2013)、《杭州市蒲公英天使投资引导基金管理办法(试行)》(2014)、《杭州市科技型中小企业融资周转资金管理办法(试行)》(2014)、《杭州市科技型初创企业培育工程(2015—2017)实施意见》(2015)、《杭州市科技型小微企业"助保贷"管理办法》(2015)、《杭州市科学技术进步奖励办法实施法则》(2015)、《关于促进科技、金融与产业融合发展的实施意见》(2015)、《杭州市众创空间认定和管理办法》(2015、2018)、《关于推进杭州国家自主创新示范区建设的若干意见》(2015)、《杭州市天使投资引导基金管理办法》(2016、2021)、《关于推进杭州城西科创大走廊建设的若干意见》(2016)、《杭州市科学技术进步奖励办法》(2017)、《关于推进政策性融资担保体系建设的实施意见》(2017)、《杭州市专利保险试点工作实施意见》(2017)、《杭州市科技金融机构贷款补助政策的实施细则》(2018)、《杭州市中小微企业研发费用投入财政补助资金管理办法》(2018)、《杭州市科技型初创企业培育工程实施意见(2018—2020)》(2018)、《杭州市科技创新券实施管理办法》(2018)、《杭州市科技型中小企业融资周转资金管理办法》(2018)、

《杭州市产业创新服务综合体建设实施意见》(2018)、《关于加强众创空间建设进一步推进大众创业万众创新的实施意见》(2018)、《杭州市众创空间认定和管理办法》(2018)、《杭州市企业高新技术研究开发中心管理办法》(2018)、《杭州市级高新技术企业认定管理办法》(2019)、《杭州市科技企业孵化器认定和管理办法》(2019、2020)、《关于推动创新创业高质量发展打造全国"双创"示范城的实施意见》(2019)、《杭州市"雏鹰计划"企业培育工程实施意见》(2020)、《杭州市科技型企业研发费用投入财政补助资金管理办法》(2020)、《杭州市科技成果转化资金管理办法》(2020)、《杭州市小微企业创业创新活动券管理办法》(2020)、《杭州高新技术孵化成果转化园认定和管理办法》(2020)、《杭州市人民政府关于完善科技体制机制健全科技服务体系的若干意见》(2020)、《杭州市科学技术进步条例》(2021)、《杭州市众创空间管理办法》(2021)等相关的科技金融类政策法规。

(二)浙江省财政科技投入

自 2009 年制定并实施《浙江省创业风险投资引导基金管理办法》以来,浙江省财政科技投入方式不断优化,财政科技间接投入已逐渐成为主体方式,其具体形式有担保代偿损失补偿、融资担保资金、创业投资引导基金、天使投资引导基金、政府产业基金、信用担保机构风险补偿资金、小企业贷款风险补偿资金、信用担保联盟、联合天使担保等。浙江省积极设立并运作政府产业基金,而此基金也逐步成为引导基金的重要组成部分。2018 年,浙江省政府提出打造政府产业基金 2.0 版。2019 年 1 月 15 日,浙江省财政厅重新制定《浙江省转型升级产业基金管理办法》,在投资方向上更为聚焦,主要投向数字经济、金融稳定、创业创新等领域;投资项目上转为主要投向政府关注的重大产业项目和政府鼓励的创业创新项目。目前,浙江省转型升级产业基金设立七大战略性新兴产业基金,分别为数字经济基金、金融稳定基金、凤凰行动基金、创新引领基金、文化产业基金、军民融合基金及特色小镇基金。其中,数字经济基金总规模 100 亿~150 亿元,省级出资 30 亿元,主管部门为浙江省经济和信息化厅,投资方向为集成电路、通信网络、新型显示、关键元器件及材料、云计算、大数据、物联网、人工智能及产业数字化等领域的基础性、战略性和前瞻性重大产业化项目;金融稳定基金总规模 100 亿元,省级出资 30 亿元,主管部门为浙江省地方金融监督管理局,投资方向为上市公司纾困项目及债转股项目;凤凰行动基金总规模 50 亿元,省级出资 15 亿元,主管部门为浙江省地方金融监督管理局,投资方向为支持省内数字经济、高端装备等八大万亿产业及高新技术领域企业的上市,支持省内优质上市公司围绕主业发展、提升产业价值链而进行的并购重组;创新引领基金总规模 20 亿元,省级全部出资,主管部门为浙江省科学技术厅,投资方向为数字经济、航空航天、高端装备制造、新材料、清洁能源、节能环保、新能源汽车、现代农业、新药创制、精准医疗、生命健康、人工智能等新兴产业领域;文化产业基金总规模 20 亿元,省级全部出资,主管部门为浙江省委宣传部,投资方向为围绕"一核三极三板块"格局,推动省内重点文化产业投融资平台建设,支持文化内容生产创意设计、文化产品制造、文化旅游等重点板块优质企业创新发展;军民融合基金总规模 100 亿元,省级出资 20 亿元,主管部门为浙江省委军民融合发展委员会办公室,投资方向为海洋、航空航天、网络空间、生物、新能源、人工智能等六大新兴领域及国防科工传统优势领域;特色小镇基金总规模 100 亿元,省级出资 10 亿元,主管部门为浙江省发展和改革委员会,投资方向为围绕省级特色小镇中的实体企业开展投资,省级特色小镇指省特色小镇规划建设工作联席会议办公室公布的省级命名、创建、培育的特色小镇。

关于创业投资引导基金和天使投资引导基金,杭州市创业投资引导基金、杭州市天使投资引导基金、宁波市创业投资引导基金、宁波市天使投资引导基金、温州市科技创新创业投资基金、嘉兴市创业投资引导基金等都在向上述七大战略性新兴产业发力。其中,杭州市创业投资引导基金和天使投资引导基金重点关注杭州市域内主要从事高新技术产品研发、生产和服务或具有商业模式创新等的非上市企业;宁波市创业投资引导基金主要支持创业投资企业和初创期企业,重点支持投资业绩突出、信用良好的品牌创业投资企业;宁波市天使投资引导基金主要用于对获得天使投资的创新型初创企业进行跟进投资,引导社会资本投资科技、投资创业;温州市科技创新创业投资基金主要投向温州市域内新一代信息技术、医药、节能环保等符合温州产业发展规划和政策的重点医疗健康与生命科学、高端装备制造、激光与光电、新能源、新材料领域;嘉兴市创业投资引导基金是一种不以营利为目的的政策性投资资金,主要投资初创期科技型中小企业和高新技术产业。这里,尤其值得一提的是杭州市的创业投资引导基金和天使投资引导基金。2021年,杭州市创业投资引导基金和杭州市天使投资引导基金新增批复合作子基金29个,子基金规模173亿元;累计批复合作子基金188个,子基金总规模超439亿元;参股子基金当年投资项目321余个,投资金额56亿元;参股子基金累计投资项目1600个,累计投资金额达160亿元;参股子基金已投公司中新增68家上市公司(含已过会);连续14年(2008—2021年)被"中国有限合伙人联盟"(CLPA)评为"十佳政府引导基金";获得投中"2021年中国最受GP(普通合伙人)关注的政府引导基金TOP 10"和"2021年中国最佳创业投资引导基金TOP 20"、清科"2021年中国政府引导基金50强"、中国风险研究院"2021年度中国政府引导基金TOP 50"等多项荣誉。而且,从杭州市制定并实施的《杭州市科技创业种子资金资助管理办法》《杭州市科技型初创企业培育工程实施方案》《杭州市创业投资引导基金管理办法》《关于开展杭州市科技型初创企业培育工程(雏鹰计划)的实施意见》《杭州市科技型初创企业培育工程"雏鹰杯"评比奖励办法》《杭州市科技型初创企业"联合天使担保"补偿试行办法》《杭州市蒲公英天使投资引导基金管理办法(试行)》《杭州市科技型小微企业"助保贷"管理办法》《杭州市天使投资引导基金管理办法》《杭州市"雏鹰计划"企业培育工程实施意见》等科技金融类政策法规来看,杭州市的创业投资引导基金和天使投资引导基金一直注重对科技型初创企业的财政科技投入。这是难能可贵且值得学习的。

(三)浙江省科技金融服务中心

目前,我国科技金融服务中心主要有"中关村科技金融服务中心""上海市科技金融信息服务平台""广东省科技金融综合服务中心""深圳市科技金融服务中心""江苏省科技金融服务中心""广州市科技金融综合服务中心""西安科技金融服务中心""贵阳市科技金融服务中心"等;浙江省科技金融服务中心或平台主要有"杭州高新区科技金融服务中心""宁波市科技金融服务中心""温州科技金融中心""湖州科技金融服务平台""湖州汇科高盛科技金融服务中心""嘉兴市科技金融服务平台""绍兴市科技金融港(公共服务平台)""舟山科技金融服务平台""台州市科技金融服务平台""丽水市科技金融服务平台"。相比而言,浙江省目前尚无省级和省会城市级别的科技金融服务中心。

三、结论与建议

(一)结论

(1)浙江省政府部门推出了一系列科技金融类政策法规。

(2)浙江省财政科技投入的主要特征表现为以财政科技间接投入为主体。

(3)浙江省目前尚无省级和省会城市级别的科技金融服务中心。

(二)建议

1. 应颁布一部涵盖科技金融各子体系或子市场的综合性政策法规

浙江省政府颁布一部涵盖科技金融各子体系或子市场的综合性政策法规颇有必要。同时,为了促进我国科技金融的健康发展,浙江省政府应向中央政府建议,最好将《科技金融法》列入立法项目并开展相应的立法工作。两者并举,双管齐下,这样才能为浙江省科技金融的健康发展提供法律保障,从而为我国科技金融的可持续发展保驾护航。

2. 应着眼于科技型种子企业和科技型初创企业

根据企业生命周期所处阶段,科技型企业可分为科技型种子企业、科技型初创企业、科技型成长企业、科技型成熟企业和科技型衰退企业。其中,科技型种子企业和科技型初创企业难以获得科技金融各子体系或子市场所提供的金融服务,尤其需要政府促进体系的干预和财政科技投入的支持。与国家所制定的科技金融类政策法规相比而言,浙江省尤其是杭州市的科技金融类政策法规更加重视对科技型初创企业提供相应的财政科技投入,这是难能可贵的。当然,浙江省政府也应再接再厉,将政策法规和财政科技投入尤其是无偿资助资金、奖励资金、创业投资引导基金、天使投资引导基金、政府产业基金等的着眼点前移至科技型种子企业,为其提供一系列有效的政策法规支持和财政科技投入保障。

3. 应构建完善严格意义上的浙江省科技金融服务中心

浙江省政府应构建完善严格意义上的科技金融服务中心。其大致思路和

方法为:

(1)可由浙江省政府主要领导牵头,具体由浙江省科技厅、浙江省财政厅、浙江省地方金融监督管理局(省金融办)、浙江省税务局以及浙江省"一行两局"(中国人民银行浙江省分行、国家金融监督管理总局浙江监管局和中国证券监督管理委员会浙江监管局)共同组建而成。

(2)可由科技型中小企业培育库、政府促进平台、风险投资平台、科技信贷平台、科技资本平台、科技担保平台、科技保险平台、绩效评价平台等整合而成。其中,科技型中小企业培育库是重中之重。这里,需要指出的一点是,此库应采用注册制,即从事具有一定技术含量和技术创新性产品的研发、生产和服务,符合国家产业、技术政策,知识产权明晰的非上市中小企业均可登记注册。科技型中小企业培育库的认定条件可由浙江省科技金融服务中心自主确定。

(3)应致力于制定、实施浙江省科技金融类政策法规并创新浙江省财政科技投入方式;应对浙江省的科技企业孵化器、大学科技园、众创空间、高新技术产业开发区、双创示范基地、科创中心、特色小镇、科技城等进行综合管理;应对浙江省的财政科技投入、风险投资、科技信贷、科技担保、科技保险等各类资本要素进行有效整合,从而为浙江省的科技型中小企业提供全方位、多层次和多渠道的金融服务。

四、本章附录

(一)《关于促进科技和金融结合加快实施自主创新战略的若干意见》(2011)[①]

为贯彻党的十七届五中全会精神,落实《国家中长期科学和技术发展规划纲要(2006—2020年)》和《国家"十二五"科学和技术发展规划》,促进科技和金融结合,推进自主创新,培育发展战略性新兴产业,支撑和引领经济发展方式转变,加快建设创新型国家,提出以下意见:

1. 充分认识科技和金融结合的重要意义

科技创新能力的提升与金融政策环境的完善是加快实施自主创新战略的

[①] 科技部,财政部,中国人民银行,等. 关于促进科技和金融结合加快实施自主创新战略的若干意见[EB/OL]. (2011-11-02)[2022-11-06]. https://www.most.gov.cn/xxgk/xinxifenlei/fdzdgknr/fgzc/gfxwj/gfxwj2011/201111/t20111102_90638.html.

基础和保障。促进科技和金融结合是支撑和服务经济发展方式转变和结构调整的着力点。

科技是第一生产力,金融是现代经济的核心。科技创新和产业化需要金融的支持,同时也为金融体系健康发展拓展了空间。就全球产业革命而言,每一次产业革命的兴起无不源于科技创新,成于金融创新。实践证明,科技创新和金融创新紧密结合是社会变革生产方式和生活方式的重要引擎。在当前全球孕育新一轮创新竞争高潮、我国加快转变经济发展方式的关键时期,加强引导金融资源向科技领域配置,促进科技和金融结合,是加快科技成果转化和培育战略性新兴产业的重要举措,是深化科技体制和金融体制改革的根本要求,是我国提高自主创新能力和建设创新型国家的战略选择。要站在全局和战略的高度,充分认识促进科技和金融结合对于转变经济发展方式和经济结构战略性调整,实现科学发展的重要意义。深化科技、金融和管理改革创新,实现科技资源与金融资源的有效对接,加快形成多元化、多层次、多渠道的科技投融资体系,为深入实施自主创新战略提供重要保障。

2.优化科技资源配置,建立科技和金融结合协调机制

(1)创新财政科技投入方式与机制。推动建立以企业为主体、市场为导向、产学研相结合的技术创新体系,加快推进科技计划和科技经费管理制度改革,促进政产学研用结合,综合运用无偿资助、偿还性资助、创业投资引导、风险补偿、贷款贴息以及后补助等多种方式,引导和带动社会资本参与科技创新。中央财政设立国家科技成果转化引导基金,通过设立创业投资子基金、贷款风险补偿和绩效奖励等方式,引导金融资本和民间资金促进科技成果转化,地方可以参照设立科技成果转化引导基金。

(2)建立和完善科技部门与金融管理部门、财税部门、国资监管机构的科技金融协调机制。重点围绕促进科技创新和产业化的目标制定和落实相关支持政策和措施。加强中央层面与地方层面的科技金融工作联动,构建以政府投入为引导、企业投入为主体,政府资金与社会资金、股权融资与债权融资、直接融资与间接融资有机结合的科技投融资体系。各地要加强对科技和金融结合工作的指导,推进科技部门、高新区与地方金融管理部门的合作,统筹协调科技金融资源,搭建科技金融合作平台,优选优育科技企业资源,推动创业投资机构、

银行、券商和保险机构等创新金融产品及服务模式,优化金融生态环境,提升区域经济活力和创新能力。

3.培育和发展创业投资

(1)充分发挥创业投资引导基金的重要作用。扩大科技型中小企业创业投资引导基金规模,综合运用阶段参股、风险补助和投资保障等方式,引导创业投资机构向初创期科技型中小企业投资,促进科技型中小企业创新发展。鼓励和支持地方规范设立和运作创业投资引导基金,逐步形成上下联动的创业投资引导基金体系,引导更多社会资金进入创业投资领域,促进政府引导、市场运作的创业投资发展。

(2)充分发挥国有创业投资的重要作用,推动国有创业投资机构加大对初创期科技型中小企业投资力度。创新国有创业投资管理制度,探索建立适合创业投资发展规律的资本筹集、投资决策、考核评价、转让退出和激励约束等制度。国有创业投资机构和国有创业投资引导基金投资于未上市中小企业,符合条件的,可申请豁免国有股转持义务。

各类国有及国有控股科技型企业应根据自身特点探索整体或按科技成果转化项目引入私募股权基金、风险资本等,组合各类社会资本,实现投资主体多元化,改善治理结构,创新发展体制,增强自主创新能力,加快科技成果转化。

(3)鼓励民间资本进入创业投资行业。逐步建立以政府资金为引导、民间资本为主体的创业资本筹集机制和市场化的创业资本运作机制,完善创业投资退出渠道,引导和支持民间资本参与自主创新。

探索科技项目与创业投资的对接机制,引导金融资本进入工业、现代农业、民生等领域。

(4)加强创业投资行业自律与监管。充分发挥全国性创业投资行业自律组织的作用,加强行业自律,规范引导创业投资行业健康发展。完善全国创业投资调查统计和年报制度,加强和完善全国创业投资信息系统建设。

4.引导银行业金融机构加大对科技型中小企业的信贷支持

(1)优化信贷结构,加大对自主创新的信贷支持。金融机构要把落实自主创新战略放在突出位置,加强对重点科技工作的信贷支持和金融服务。金融机构要加强与科技部门合作,在国家科技重大专项、国家科技支撑计划、国家高技术研究发展计划("863"计划)、星火计划、火炬计划等国家科技计划以及国家技术创新工程、国家高新区基础设施、地方科技重大专项和科技计划、科技型企业孵化抚育、科技成果转化、战略性新兴产业培育等重点科技工作领域内,进一步加大对自主创新的信贷支持力度。

(2)加强信用体系建设,推进科技型企业建立现代企业制度。在加强信用环境和金融生态建设的基础上,依托国家高新区建立科技企业信用建设示范区,优化区域投融资环境。发挥信用担保、信用评级和信用调查等信用中介的作用,利用中小企业信用担保资金等政策,扩大对科技型中小企业的担保业务,提升科技型中小企业信用水平。按照创新体制、转换机制的原则,推动科技型企业进行股份制改造,建立现代企业制度,更新投融资观念,为科技和金融结合奠定基础。

(3)引导政策性银行在风险可控原则下,积极支持国家科技重大专项、重大科技产业化项目,加大对科技成果转化项目以及高新技术企业发展所需的核心技术和关键设备进出口的支持力度,在其业务范围内为科技型企业提供金融服务。

(4)鼓励商业银行先行先试,积极探索,进行科技型中小企业贷款模式、产品和服务创新。根据科技型中小企业融资需求特点,加强对新型融资模式、服务手段、信贷产品及抵(质)押方式的研发和推广。对处于成熟期、经营模式稳定、经济效益较好的科技型中小企业,鼓励金融机构优先给予信贷支持,简化审贷程序;对于具有稳定物流和现金流的科技型中小企业,可发放信用贷款、应收账款质押和仓单质押贷款。扩大知识产权质押贷款规模,推进高新技术企业股权质押贷款业务。综合运用各类金融工具和产品,开展信贷、投资、债券、信托、保险等多种工具相融合的一揽子金融服务。

(5)鼓励商业银行创新金融组织形式,开展科技部门与银行之间的科技金融合作模式创新试点。依托国家高新区,鼓励商业银行新设或改造部分分(支)行作为专门从事科技型中小企业金融服务的专业分(支)行或特色分(支)行,积极向科技型中小企业提供优质的金融服务。完善科技专家为科技型中小企业贷款项目评审提供咨询服务的工作机制。

（6）依托国家高新区等科技型企业聚集的地区,在统筹规划、合理布局、加强监管、防控风险的基础上,建立科技小额贷款公司。鼓励科技小额贷款公司积极探索适合科技型中小企业的信贷管理模式。推动银行业金融机构与非银行金融机构深入合作,鼓励民间资本进入金融领域,形成科技小额贷款公司、创业投资机构、融资租赁公司、担保公司、银行专营机构等资源集成、优势互补的创新机制,做好科技型中小企业从初创期到成熟期各发展阶段的融资方式衔接。

（7）通过风险补偿、担保业务补助等增信方式,鼓励和引导银行进一步加大对科技型中小企业的信贷支持力度。建立科技型中小企业贷款风险补偿机制,形成政府、银行、企业以及中介机构多元参与的信贷风险分担机制。综合运用资本注入、业务补助等多种方式,提高担保机构对科技型中小企业的融资担保能力和积极性,创新担保方式,加快担保与创业投资的结合,推进多层次中小企业融资担保体系建设。

（8）鼓励金融机构建立适应科技型企业特点的信贷管理制度和差异化的考核机制。引导商业银行继续深化利率的风险定价机制、独立核算机制、高效的贷款审批机制、激励约束机制、专业化的人员培训机制、违约信息通报机制等六项机制,按照小企业专营机构单列信贷计划、单独配置人力和财务资源、单独客户认定与信贷评审、单独会计核算等原则,加大对科技型中小企业业务条线的管理建设及资源配置力度。对于风险成本计量到位、资本与拨备充足、科技型中小企业金融服务良好的商业银行,经银行监管部门认定,相关监管指标可做差异化考核。根据商业银行科技型中小企业贷款的风险、成本和核销等具体情况,对科技型中小企业不良贷款比率实行差异化考核,适当提高科技型中小企业不良贷款比率容忍度。

5.大力发展多层次资本市场,扩大直接融资规模

（1）加快多层次资本市场体系建设,支持科技型企业发展。探索建立科技部门和证券监管部门的信息沟通机制,支持符合条件的创新型企业上市。支持符合条件的已上市创新型企业再融资和进行市场化并购重组。加快推进全国场外交易市场建设,完善产权交易市场监管和交易制度,提高交易效率,为包括非上市科技型企业在内的中小企业的产权(股份)转让、融资提供服务。

(2)支持科技型企业通过债券市场融资。进一步完善直接债务融资工具发行机制,简化发行流程。支持符合条件的科技型中小企业通过发行公司债券、企业债、短期融资券、中期票据、集合债券、集合票据等方式融资。探索符合条件的高新技术企业发行高收益债券融资。鼓励科技型中小企业进一步完善公司治理与财务结构,鼓励中介机构加强对其辅导力度,以促进其直接债务融资。

(3)利用信托工具支持自主创新和科技型企业发展。推动公益信托支持科学技术研究开发。充分利用信托贷款和股权投资、融资租赁等多种方式的组合,拓宽科技型中小企业融资渠道。

(4)探索利用产权交易市场为小微科技型企业股权流转和融资服务,促进科技成果转化和知识产权交易。建立技术产权交易所联盟和统一信息披露系统,为科技成果流通和科技型中小企业通过非公开方式进行股权融资提供服务。建立有利于技术产权流转的监管服务机制,利用产权交易所,依法合规开展产权交易,为股权转让、知识产权质押物流转、处置等提供服务。

6.积极推动科技保险发展

(1)进一步加强和完善保险服务。在现有工作基础上,保险机构根据科技型中小企业的特点,积极开发适合科技创新的保险产品,积累科技保险风险数据,科学确定保险费率。加快培育和完善科技保险市场,在科技型中小企业自主创业、并购以及战略性新兴产业等方面提供保险支持,进一步拓宽科技保险服务领域。

(2)探索保险资金参与国家高新区基础设施建设、战略性新兴产业培育和国家重大科技项目投资等支持科技发展的方式方法。支持开展自主创新首台(套)产品的推广应用、科技型中小企业融资以及科技人员保障类保险。

7.强化有利于促进科技和金融结合的保障措施

(1)建立有利于科技成果转化和自主创新的激励机制。在国家高新区内实施企业股权和分红激励机制,促进科技成果转移、转化和产业化。根据财政部、国家税务总局《对中关村科技园区建设国家自主创新示范区有关股权奖励个人所得税试点政策的通知》(财税〔2010〕83号)精神,自2010

年1月1日至2011年12月31日,在中关村国家自主创新示范区试点开展下列政策:对示范区内科技创新创业企业转化科技成果,以股份或出资比例等股权形式给予本企业相关技术人员的奖励,企业技术人员一次缴纳税款有困难的,经主管税务机关审核,可分期缴纳个人所得税,但最长不得超过5年。

(2)加强科技金融中介服务体系建设。建立规范的科技成果评估、定价、流转及监管等方面的中介机构,探索建立科技成果转化经纪人制度,加速科技成果转化。充分发挥各类基金以及生产力促进中心、大学科技园、科技企业孵化器、产业技术创新战略联盟、技术转移机构等的技术创新服务功能和投融资平台作用,逐步建立一批集评估、咨询、法律、财务、融资、培训等多种功能于一体的科技金融服务中心。

(3)培育科技金融创新的复合型人才,吸引高端人才进入创新创业领域。结合创新人才推进计划、青年英才开发计划、海外高层次人才引进计划和国家高技能人才振兴计划等各项国家重大人才工程的实施,依托高校和社会培训机构等开展相关培训工作,加快培育一批既懂科技又懂金融的复合型人才,支持科技型企业吸引和凝聚创新创业人才。

8. 加强实施效果评估和政策落实

(1)加强科技和金融结合实施成效的监测评估。制定科技金融发展水平和服务能力评价指标,建立相应的统计制度和监测体系,并在监测基础上建立评估体系,对科技和金融结合实施成效进行动态评估。根据评估的结果,对促进科技和金融结合、支持自主创新表现突出的人员和相关机构给予表彰。

(2)加强政策落实。各级科技部门会同财政、人行、国资、税务、银监、证监、保监①以及金融办等部门,根据本指导意见精神,结合本地实际,制定科技和金融结合的具体实施意见或办法。

---

① 2018年3月,第十三届全国人民代表大会第一次会议表决通过了关于国务院机构改革方案的决定,设立中国银行保险监督管理委员会,撤销中国银行业监督管理委员会、中国保险监督管理委员会。2023年3月,中共中央、国务院印发了《党和国家机构改革方案》,决定在中国银行保险监督管理委员会基础上组建国家金融监督管理总局,不再保留中国银行保险监督管理委员会。

(二)《浙江省创业风险投资引导基金管理办法》(2009)①

第一章 总则

第一条 为贯彻省委、省政府"创业富民、创新强省"总战略,加快发展我省创业投资事业,根据《创业投资企业管理暂行办法》(发展改革委等十部委令2005年第39号)、国务院办公厅《关于创业投资引导基金规范设立与运作的指导意见》(国办发〔2008〕116号)和财政部、科技部《科技型中小企业 创业投资引导基金管理暂行办法》(财企〔2007〕128号)等文件精神,制定本办法。

第二条 浙江省创业风险投资引导基金(以下简称引导基金)是由政府设立的政策性、引导性基金,其设立的宗旨是发挥财政资金"四两拨千斤"的作用,通过扶持创业投资企业的发展,逐级放大,引导社会资本进入创业投资领域,促进国内外优质创业资本、项目、技术、人才向浙江聚集,推进全省经济结构调整和产业升级。

第三条 引导基金规模为5亿元,主要通过阶段参股和跟进投资等方式实施投资运作,其中跟进投资的资金比例不得高于30%。引导基金以基金管理机构的资本金形式存续,逐年投入。

第四条 引导基金按照"政府引导、市场运作、科学决策、严格管理"的原则进行投资运作,重点引导创投基金或创业投资企业投向电子信息、生物医药、先进制造、新能源、新材料、环保节能、高效农业、现代服务业等符合浙江省高新技术产业发展规划的领域,引导创业投资企业重点投资处于初创期、既有风险又具成长性的科技型中小企业创新创业。

第二章 组织架构

第五条 浙江省创业风险投资引导基金管理委员会(以下简称管委会)为引导基金的领导机构。主要职责是:确定投资方向和投资原则,审查批准浙江省创业风险投资引导基金管理有限公司(以下简称引导基金管理公司)章程及

---

① 浙江省人民政府办公厅. 浙江省人民政府办公厅关于印发《浙江省创业风险投资引导基金管理办法》的通知[EB/OL]. (2009-03-18)[2022-11-06]. https://www.zj.gov.cn/art/2009/3/18/art_1229017139_57228.html.

投资项目管理、投资风险控制、投资退出机制和业绩考核等制度;审查批准引导基金管理公司资金筹集、投资计划等重大事项。

第六条 管委会由常务副省长任主任,省政府分管副秘书长和省财政厅厅长任副主任,委员由省发展和改革委、省经贸委、省科技厅、省财政厅、省信息产业厅、省审计厅、省金融办、人行杭州中心支行①、浙江银监局等部门负责人担任。

第七条 管委会下设办公室,主要负责管委会的日常工作。办公室设在省财政厅,由省财政厅分管副厅长兼任办公室主任。

第八条 管委会下设监事会,作为引导基金运作的监督机构,负责引导基金管理运作过程中的风险监控。监事会由省发展和改革委、省科技厅、省财政厅、省审计厅、省金融办等部门委派相关人员组成。

第九条 浙江省财务开发公司为引导基金管理公司的出资人。引导基金管理公司负责引导基金的日常管理与投资运作事务,实施阶段参股和跟进投资,并代表引导基金行使民事权利、承担民事义务与责任。

第十条 引导基金管理公司履行下列主要职责:①承担引导基金对外投资的出资主体;②面向社会公开征集引导基金合作的创业投资机构,在尽职调查、审慎评估的基础上,按照规定程序确定投资的可行性方案;③决定阶段参股与跟进投资项目实施方案,并报管委会备案;④管理引导基金投资形成的股权,履行股东的权利和义务;⑤负责实施引导基金投资形成股权的退出工作;⑥对引导基金所投资企业(项目)的实施情况进行监督检查,定期向管委会报告监督检查情况、引导基金财务状况及运作过程中的其他重大事项。

第三章 投资对象

第十一条 引导基金的投资对象主要是国内外有实力的创业投资企业和其他企业。

第十二条 引导基金按照公开、公平的原则,重点与国内外投资业绩突出、基金募集能力强、管理经验丰富的品牌创业投资企业进行合作。

---

① 2023年3月7日,中国人民银行杭州中心支行被撤销。2023年8月18日,中国人民银行浙江省分行举行挂牌仪式。

第十三条　引导基金阶段参股创业投资企业应当具备以下条件：①经工商行政管理部门登记并按照《创业投资企业管理暂行办法》的有关规定进行备案；②实收资本（或出资额）在 10000 万元以上，或者出资人首期出资在 3000 万元人民币以上，且承诺在注册后 5 年内出资总额达到 10000 万元以上，所有投资者以货币形式出资；③至少有 3 个对高新技术中小企业投资的成功案例，即投资所形成的股权年平均收益率不低于 15％，或股权转让收入高于原始投资额 20％以上，投资累计 5000 万元以上；④至少有 3 名具备 5 年以上创业投资或相关业务经验的专职高级管理人员；⑤管理和运作规范，具有严格合理的投资决策程序和风险控制机制，按照国家企业财务、会计制度规定，有健全的内部财务管理制度和会计核算办法；⑥《创业投资企业管理暂行办法》其他有关规定。

第十四条　阶段参股的其他企业应当具备以下条件：①注册资金 5000 万元以上；②新组建公司的投资额中，战略投资在 1000 万元以上或财务投资在 3000 万元以上；③管理和运作规范，符合国家企业财务、会计制度规定，有健全的内部财务管理制度和会计核算办法。

第十五条　本办法所称初创期企业，是指在浙江省内注册设立，主要从事高新技术产品研究、开发、生产和服务，成立时间在 5 年以内的非上市公司，且应当具备下列条件：①具有企业法人资格；②职工人数在 300 人以下，具有大专以上学历的科技人员占职工总数的比例在 30％以上，直接从事研究开发的科技人员占职工总数的比例在 10％以上；③年销售额在 3000 万元以下，净资产在 2000 万元以下，每年用于高新技术研究开发的经费占销售额 5％以上。

第十六条　引导基金不得用于从事贷款或股票、期货、房地产、基金、企业债券、金融衍生品等投资以及用于赞助、捐赠等支出和对创投以外的企业担保。闲置资金只能存放银行或购买国债。

第四章　投资管理

第十七条　引导基金投资主要采用阶段参股和跟进投资等方式。

第十八条　阶段参股是指引导基金向创投基金或创业投资企业进行股权投资，并在约定的期限内退出。主要支持与社会资本共同发起设立新的创投基金或创业投资企业。设立的创业投资企业必须在浙江注册。

第十九条　引导基金的参股比例最高不超过创业投资企业实收资本（或出

资额)的 25%,且不能成为第一大股东。

第二十条 参股创业投资企业的资金规模最低为 1 亿元,引导基金参股期限一般不超过 5 年。

第二十一条 引导基金参股的创业投资企业进行投资时应当遵循下列原则:①投资对象原则上应当是在浙江省范围内注册设立的创业企业,投资浙江省范围内企业的资金不低于 80%;②投资对象仅限于未上市企业,但所投资的未上市企业上市后,创业投资企业所持股份的未转让部分及其配售部分不在此限;③投资对象应以处于初创期企业为主,投资初创期企业的投资额比例不得低于全部投资额的 30%,并逐步达到 50%以上;④为保证资金流动性和分散风险,对单个创业企业的累计投资不得超过创业投资企业自身注册资金的 20%;⑤投资对象不属于合伙或有限合伙企业;⑥不得投资于其他创业投资企业;⑦原则上不得控股被投资企业。

第二十二条 引导基金管理公司应监督所投资的创业投资企业按规定的投资方向、投资比例进行投资运作,但不参与该创业投资企业的日常经营和管理。

第二十三条 引导基金参股创业投资企业稳定运营以后,可在适当时机将股份通过下列途径完成退出:将股权优先转让给其他股东;公开转让股权;参股创业投资企业到期后清算退出。

第二十四条 参股创业投资企业应当在《投资合作协议》和《企业章程》中明确下列事项:①在有受让方的情况下,引导基金可以随时退出;②参股创业投资企业的其他股东不先于引导基金退出;③参股创业投资企业未按规定向初创期企业投资的,引导基金有权退出。

第二十五条 参股创业投资企业其他股东自引导基金投入后 3 年内购买引导基金在参股创业投资企业中的股权,转让价格按不低于引导基金原始投资额确定;超过 3 年的,转让价格按不低于引导基金原始投资额与按照转让时中国人民银行公布的同期贷款基准利率计算的收益之和确定。参股创业投资企业其他股东之外的投资者购买引导基金在参股创业投资企业中的股权,按上述确定转让价格的原则,以公开方式进行转让。

第二十六条 经专家评审通过的阶段参股项目,应在有关媒体上公示 1

周。对公示中发现问题的项目,引导基金不得投资。

第二十七条 跟进投资是指对创业投资企业选定投资的创业企业,引导基金与创业投资企业共同投资的行为。

第二十八条 跟进投资仅限于当创业投资企业投资初创期企业或需要政府重点扶持和鼓励的高新技术等产业领域的创业企业时,引导基金可以按适当股权比例向该创业企业投资。跟进投资项目应在浙江省境内。

第二十九条 被跟进创业投资企业须按《创业投资企业管理暂行办法》的有关规定经过备案,并以现金方式对创业企业进行投资。

第三十条 对拟跟进投资的项目,引导基金管理公司应对以下内容进行审查:①被投资企业法人营业执照复印件;②被投资企业章程;③上年度被投资企业的会计报表和审计报告(新设立的企业除外)④被投资企业的资产评估报告(新设立的企业除外);⑤创业投资企业已批准投资的决策文件副本;⑥创业投资企业编制的《投资建议书》或《可行性研究报告》;⑦创业投资企业与被投资企业或其股东签订的《投资意向书》。

第三十一条 对于符合条件的跟进投资项目,引导基金在确认创业投资企业已全额出资后,按双方协议要求办理跟进投资的出资手续。

第三十二条 引导基金按创业投资企业实际投资额30%以下的比例跟进投资,出资方式为现金出资,投资价格与被跟进创业投资企业的投资价格相同,单个项目原则上不超过500万元。

第三十三条 引导基金对单个企业只进行一次跟进投资。

第三十四条 引导基金跟进投资形成的股权可委托共同投资的创业投资企业管理。采用股权托管的,应当由受托管机构与被跟进投资的创业投资企业签订《股权托管协议》,明确双方的权利、责任、义务、股权退出的条件或时间等。

第三十五条 引导基金采用跟进投资方式形成的股权一般在5年内退出。共同投资的创业投资机构不得先于引导基金退出其被投资企业的股权。

第三十六条 被跟进创业投资企业、创业企业其他股东购买引导基金跟进投资形成的股权,转让价格可以按不低于引导基金原始投资额与按照转让时中国人民银行公布的同期贷款基准利率计算的收益之和确定。同等条件下被跟进创业投资企业有优先受让权。被跟进创业投资企业、创业企业其他股东之外的其他投资者购买引导基金跟进投资形成的股权,按上述确定转让价格的原则,以公开方式进行转让。

第三十七条 参股的创业投资企业或跟进投资企业发生清算时,按照法律程序清偿债权人的债权后,按照事先约定,股东共有的剩余财产首先清偿引导基金。

第五章 监督管理

第三十八条 引导基金管理公司于每季度末向管委会报送引导基金投资运作、资金使用等情况;及时报告运作过程中的重大事件,并于每个会计年度结束后的4个月内提交经注册会计师审计的年度会计报表。

第三十九条 由监事会对基金管理机构履行职责情况进行日常监督,并委托社会中介机构对引导基金运作情况进行审计。

第四十条 实行绩效考核制度。由管委会办公室负责定期对引导基金有关政策目标、政策效果及其投资情况进行绩效评估,对引导基金管理公司进行年度业绩考核,考评结果作为对引导基金管理公司进行奖惩的依据。

第六章 附则

第四十一条 本办法自发布之日起施行。

(三)《杭州市天使投资引导基金管理办法》(2021)①

为深入实施创新驱动发展战略,促进科技成果转化,健全科技服务体系,加快发展天使投资服务业,助力实施科技企业"双倍增"行动计划,根据《国务院关于促进创业投资持续健康发展的若干意见》(国发〔2016〕53 号)、《杭州市人民政府关于推动创新创业高质量发展打造全国"双创"示范城的实施意见》(杭政〔2019〕55 号)等文件精神,特制定本办法。

1.市引导基金的设立

(1)杭州市天使投资引导基金(以下简称"市引导基金")是由杭州市政府设

---

① 杭州市科学技术局,杭州市财政局.杭州市科学技术局 杭州市财政局关于印发《杭州市天使投资引导基金管理办法》的通知[EB/OL].(2021-07-07)[2022-11-06]. http://www.hangzhou.gov.cn/art/2021/7/7/art_1229549172_7247.html.

立的、不以营利为目的的政策性投资基金,其宗旨是发挥财政资金的杠杆效应和引导作用,鼓励天使投资机构对杭州初创期科技企业、中小科技企业实施投资,并提供高水平的创业指导及配套服务,助推杭州科技型中小微企业快速成长、做大做强。

(2)本办法所称初创期科技企业、中小科技企业,是指依法注册设立,主要从事高新技术产品研究、开发、生产和服务,经营规模较小的科技型中小微企业,其主要条件是:

①具有独立企业法人资格。

②原则上企业在职职工人数在 300 人以下。

③企业上一年度年销售额在 2000 万元以下,或净资产在 2000 万元以下;已认定国家重点扶持高新技术企业的,上一年度年销售额在 5000 万元以下,或净资产在 5000 万元以下。

(3)市引导基金按照"政府引导、市场运作、科学决策、防范风险"的原则,进行资金管理、投资运作。主要采用阶段参股天使投资合作子基金(以下简称"子基金")等引导方式,引导社会资本投资杭州科技型中小微企业。

2.支持对象

(1)市引导基金的支持对象为国内外从事天使投资、早期投资的天使投资机构。

(2)市引导基金择优支持在国内外投资业绩突出、基金募集能力强、管理成熟规范、项目资源丰富、业内已有较好口碑(较强品牌影响力)的天使投资机构及投资管理团队。申请市引导基金的天使投资机构必须具备下列条件:

①机构依法注册登记,并在相关主管部门或行业自律组织完成登记备案。

②机构实缴资本在 300 万元以上,资金来源及对象应符合国家有关规定;按照国家企业财务、会计制度规定,机构有健全的内部财务管理制度和会计核算办法;内部管理和运作规范,具有严格合理的投资决策程序和风险控制机制。

③机构有明确的投资领域(方向);管理团队至少有 3 名具备 5 年以上天使投资或相关业务经验的专职高级管理人员。

④机构前期投资业绩较好。有至少 3 个对初创期科技企业天使投资的成

功案例,即投资所形成的股权退出收益年平均收益率不低于20%,或投资后被投企业又获得两轮及以上外部投资机构的投资,且投资所形成的股权增值年平均收益率不低于30%。

⑤机构熟悉杭州创业投资环境,已有一批杭州科技型中小微企业项目储备;熟悉基金管理制度。

⑥机构社会信用良好。天使投资机构及其主要出资人近3年不存在重大违法违规行为;未被行业自律组织列为异常机构,不存在不良诚信记录等情形。

3.资金来源

(1)市引导基金由市财政在国家、省下拨科技专项资金和市本级科技发展专项资金中统筹安排;

(2)市引导基金运行的各项收益;

(3)社会和个人捐赠资金。

4.基金的管理

(1)设立由市科技局和市财政局共同组成的杭州市天使投资引导基金管理委员会(以下简称"管委会"),主要负责市引导基金管理办法制定和市引导基金资金统筹。管委会下设办公室(设在市科技局),主要负责重大事项协调决策、合作合资方案审批、运行日常监管、年度绩效评价等工作。

(2)根据市引导基金建设发展沿革,确定杭州市高科技投资有限公司作为市引导基金的管理机构(以下简称"管理机构"),将市引导基金以该管理机构的资本金形式存续。

(3)管理机构全资子公司杭州高科技创业投资管理有限公司作为市引导基金实际出资主体,代表市引导基金履行出资人职责。

(4)管理机构全资子公司杭州高科技华樟资产管理有限公司作为市引导基金受托管理机构负责市引导基金的日常管理和业务活动,主要履行下列职责:

①对拟与市引导基金合作的天使投资机构进行尽职调查、入伙(股)谈判、推进合伙协议(公司章程)签署、投后管理及投资退出等。

②按照市引导基金投资项目评审规程,组织专家组对拟与市引导基金合作的天使投资机构及基金方案进行论证评审。论证评审细则由受托管理机构另

行制定,经管理机构审定、报管委会办公室备案。

③受托管理机构向管理机构上报论证评审结果,经管理机构审核同意后,报管委会办公室决策。经管委会办公室决策同意批复后,受托管理机构与合作的天使投资机构办理签约合作协议、制订市引导基金出资计划等。

④监督检查子基金投资企业、项目的情况,定期向管理机构、管委会办公室报告监督检查情况及其他重大事项。

⑤协同管理机构接受市引导基金年度绩效评价,配合财政、审计、纪检部门对其业务活动、财务管理的检查。

(5)为保证市引导基金安全运行,管委会办公室委托管理机构选择1家在中国境内设立的商业银行作为托管银行,具体负责市引导基金资金保管、拨付、结算等日常工作,对市引导基金投资区域、投资比例等进行动态监管。托管银行应按季向管理机构出具监管报告。

(6)管委会办公室组织市引导基金进行绩效评价。管理机构在绩效评价通过后按年收取市引导基金管理费,提取管理费比例与同期绩效评价挂钩。年度绩效评价确定为优秀等次的,提取管理费为考评年度末市引导基金实到资金总额的0.6%;年度绩效评价确定为合格等次的,提取比例为0.5%。

市引导基金绩效评价办法由管委会办公室另行制定。

(7)管理费主要用于受托管理机构开展合作单位尽职调查、专家评审、投资管理、股权退出、日常运营等的业务支出与劳务支出。

为保障受托管理机构日常运作,管理费从市引导基金专户中分期提取,年初进行预提,以年初市引导基金资金额为基数按上年度管理费提取比例的50%提取,其余部分在年度绩效评价结果确定后提取。

5.阶段参股

(1)阶段参股是指市引导基金向天使投资机构设立的基金进行股权投资,并在约定期限内退出,主要用于支持在杭州市设立的天使投资基金。市引导基金参股期限原则上不超过7年,对于主要投资生物医药、人工智能等领域的子基金,参股期限可延长至10年。

(2)符合本办法规定条件的天使投资机构作为发起人发起设立天使投资基金时,可以申请市引导基金的阶段参股。

（3）受托管理机构组织专家评审，对拟合作天使投资机构及基金方案进行评审。市引导基金评审专家可由投资机构、行业自律组织代表以及科技、财务、法律等专业人员组成，成员人数应为单数。

（4）经评审通过的天使投资机构，向社会公示 7 天。对公示中发现并查实存在问题的天使投资机构，市引导基金不予支持。

（5）经公示无异议的天使投资机构，由管理机构报经管委会办公室批准后实施。经批准同意合作的天使投资机构，原则上应在批准后 12 个月内与市引导基金签订合伙协议或公司章程。

与市创业投资引导基金、市天使投资引导基金已有合作且回款正常、业绩较好及合约到期的投资机构，再次申请合作的，市引导基金可优先予以支持。

（6）子基金最低规模为 5000 万元，可采用公司制的组织形式，也可采用有限合伙等其他国家法律规定允许的组织形式（市引导基金不得作为普通合伙人）。市引导基金参股比例最高不超过子基金规模的 30%，各级政府引导基金累计出资比例不超过该子基金规模的 40%，国家或省另有规定的，从其规定。

（7）子基金进行投资时应当遵循下列原则：

①原则上应投向主营业务符合国家高新技术产业、战略性新兴产业导向的科技型企业，优先投资数字经济、生命健康、智能制造、新材料、新能源等领域的初创期科技企业。

②投资于杭州市注册企业的资金不低于市引导基金实际出资额的 2 倍，其中投资于初创期科技企业的资金不低于市引导基金实际出资额的 1.5 倍。被投资企业由异地迁入杭州的，经受托管理机构认定后，可按实际投资额的 2 倍计算杭州投资额。认定标准由受托管理机构制定。

③投资对象仅限于未上市的公司制法人企业（所投资的未上市企业上市后，子基金所持股份的未转让部分及其配售部分不在此限）。

④对单个投资企业的累计投资额不超过子基金规模的 20%，且原则上不得控股被投资企业。

⑤不得投资于其他天使或创业投资基金（机构），为特殊目的而设立的专项投资于创业公司的企业除外。

⑥不得用于股票、期货、房地产、证券投资基金、信托产品、委托贷款、金融

衍生品、赞助、捐赠等支出,不得挪作他用。

⑦管委会办公室对投资企业及投资额计算口径另有规定的,按管委会办公室规定执行。

(8)市引导基金受托管理机构不参与子基金的日常经营和管理,但拥有投资业务监督权。受托管理机构有权组织有资质的第三方机构,对子基金进行专项审计。

(9)子基金出现下列情况之一的,市引导基金有权退出:

①自市引导基金首次出资1年内未投资杭州初创期科技企业的;

②对外投资不符合本办法要求的;

③合伙协议或公司章程约定的市引导基金有权退出的其他情形。

(10)为体现市引导基金的政策性,市引导基金出资中,50%为让利性出资,50%为同股同权出资。

①市引导基金让利性出资部分不以营利为目的,其他出资人(不包括市引导基金同股同权出资部分)具有优先受让权。其他出资人在自市引导基金首次投入后5年内(含5年)购买的,其转让价格按不低于市引导基金原始投资额确定;超过5年购买的,转让价格按不低于市引导基金原始投资额与市引导基金出资后的第6年起按照转让时全国银行间同业拆借中心公布的1年期贷款市场报价利率(LPR)计算的收益之和确定,减资退出参照执行。如子基金出现亏损,经管委会办公室批复,市引导基金让利性出资部分可对该子基金进行风险补偿,风险补偿以该子基金中杭州的被投资企业实际亏损额为限,且最高不超过市引导基金让利性出资额。

②市引导基金同股同权出资部分按出资比例享有收益,承担亏损。如以非清算方式退出的,参照本办法第5条第(11)项执行。

(11)子基金投资不符合本办法要求,市引导基金要求退出的,由受托管理机构委托第三方机构对子基金进行评估,按不低于评估值的价格以转让、减资或清算等方式协议退出。

(12)子基金存续期结束时,市引导基金已全额收回出资本金及相应利息,且市引导基金同股同权出资部分年平均收益率不低于6%的,市引导基金可以绩效奖励的形式将同股同权出资中超过6%(年化)部分的20%的收益让渡给合作的天使投资机构。

(13)子基金规模超过 10 亿元,如需另行制定合作方案的,经管委会办公室审核后,按"一事一议"方式报市政府审定。

6. 绩效管理

(1)建立市引导基金公共财政绩效考核评价体系,遵循天使投资市场规律,鼓励创新、宽容失败,提高市引导基金风险容忍度,具体考核细则由管委会办公室另行制定。

(2)健全尽职免责机制,对于市引导基金运作过程中发生违法违规行为的,依法依规追究相应责任;对于已履职尽责的投资项目,如发生风险造成投资损失,决策机构、主管部门、管理机构、代行出资人职责机构、受托管理机构等不承担相关责任。

7. 其他

本办法自 2021 年 7 月 20 日起实施,有效期至 2024 年 7 月 20 日。原《杭州市天使投资引导基金管理办法》(杭科计〔2016〕218 号)同时废止。本办法实施前已签订合伙协议或公司章程的子基金,可选择按照本办法执行。

第三章
风险投资市场

一、风险投资市场概述

风险投资市场是为科技型中小企业提供直接融资服务的天使投资、创业投资以及其他风险投资机构与个人投资者集合体。它是"轻资产、重创意、高风险"科技型中小企业的主要直接融资场所,具有优化资源配置、促进经济增长、推进技术创新、增强国际竞争力等功能与作用,是科技金融服务体系的重要组成部分。

(一)定义与分类

风险投资(venture capital,VC)通常被认为起源于 20 世纪 20－30 年代的美国。虽然第一家具有现代意义的风险投资公司是成立于 1946 年的美国研究与发展公司(American Research and Development Corporation,ARD),但是直到 20 世纪 70 年代后半期风险投资市场才真正兴起。所谓风险投资,是为未上市的科技型中小企业提供股权资本并辅以经营管理参与和咨询服务,最终通过股权转让方式以获得中长期收益的一种投资行为[①];所谓风险投资市场,是为未上市的科技型中小企业提供股权资本并辅以经营管理参与和咨询服务的天使投资、创业投资以及其他风险投资机构与个人投资者集合体。其中,天使投资是指向科技型种子企业和科技型初创企业直接投资的风险投资机构与个人投资者;创业投资是指向科技型初创企业和科技型成长企业直接投资的风险投资机构与个人投资者;其他风险投资机构是指向科技型成长企业和科技型成熟企业直接投资的风险投资机构,主要有外资背景的风险投资机构[②]、国有背景的风险投资机构[③]、上市公司参股或独立设立的风险投资机构、大型企业集团所属的风险投资机构、金融机构背景的风险投资机构[④]、民间资金设立的风险投资机构等;个人投资者是指一些有大量富余资金的个人,其项目选择、监督管理、投资收益等完全自主决策。

[①] 风险投资的典型定义有:(1)美国风险投资协会(National Venture Capital Association,NVCA)指出,风险投资是"由职业金融家投入新兴的、迅速发展的、有巨大竞争潜力的企业中的一种权益资本"。(2)欧洲私募股权及风险投资协会(European Private Equity and Venture Capital Association,EVCA)认为,风险投资是指由专门的投资公司向具有巨大发展潜力的成长型、扩张型或重组型的未上市公司提供资金支持并辅以管理参与的投资行为。(3)经济合作与发展组织(Organization for Economic Co-operation and Development,OECD)认为,凡是以高科技与知识为基础,生产与经营技术密集的创新产品或服务的投资都可以视为风险投资。(4)美国《企业管理百科全书》将风险投资定义为"对不能从股票市场、银行或与银行相似的传统融资渠道获得资本的工商企业的投资行为"。(5)《经济学百科全书》认为,风险投资是一种准备冒风险的资金,它被用于支持具有较高发展潜力的新公司的发展,在获得高收益的同时承担较大的投资风险。(6)成思危认为,"风险投资是指把募集来的资金有计划地投入蕴藏着较大风险的高新技术产业,以期通过企业的发展来获取高额回报的一种商业投资行为"(成思危. 成思危论风险投资[M]. 北京:中国人民大学出版社,2008)。(7)1999年发布的《关于建立风险投资机制的若干意见》指出:"风险投资(又称创业投资),是指向主要属于科技型的高成长性创业企业提供股权资本,并为其提供经营管理和咨询服务,以期在被投资企业发展成熟后,通过股权转让获取中长期资本增值收益的投资行为。"(8)《2007中国风险投资年鉴》指出:"风险投资是在市场经济相当发达的情况下产生的一种投资方式,它是一种高风险的、组合的、长期的、权益性的、专业的投资,在支持创新者创业、促进科技成果转化为生产力、推动高新技术产业化等方面具有重要的作用。"

[②] 如红杉中国、智基创投、经纬创投、北极光、IDG资本、软银中国等风险投资机构。

[③] 如深圳市创新投资集团有限公司、上海创业投资有限公司、广东省粤科风险投资集团有限公司、杭州市高科技投资有限公司等风险投资机构。

[④] 指银行、保险、证券、信托等直接或间接参与设立的风险投资机构,如全国社保基金、平安保险、新华人寿、中信、中金、广发证券等已开展股权投资业务。

（二）我国风险投资市场发展历程

我国风险投资市场起步于 20 世纪 80 年代中期。1985 年 3 月，《中共中央关于科学技术体制改革的决定》指出："对于变化迅速、风险较大的高技术开发工作，可以设立创业投资给以支持。"1985 年 9 月，我国第一家风险投资公司——"中国新技术创业投资公司"由国务院批准成立。1991 年 3 月，《国家高新技术产业开发区若干政策的暂行规定》指出："有关部门可在高新技术产业开发区建立风险投资基金，用于风险较大的高新技术产品开发。"随后，我国各地纷纷成立各类风险投资机构，尤其是国际风险投资机构。例如，1992 年美国国际数据集团（International Data Group，IDG）进驻我国并设立美国太平洋技术风险投资基金（中国）公司；华登国际投资集团（Walden International）在我国成立华登（中国）基金等。总体而言，由于我国经济体制改革步伐缓慢、市场环境不太完善、法律法规不太健全等，这一时期我国风险投资市场发展比较缓慢。

1996 年 9 月，《国务院关于"九五"期间深化科学技术体制改革的决定》强调："积极探索科技发展风险投资机制，促进科技成果转化。"1998 年 3 月，《关于尽快发展我国风险投资事业的几点意见》由中国民主建国会中央委员会在中国人民政治协商会议第九届全国委员会第一次会议上提出，掀起我国风险投资市场发展的热潮。截至 1998 年年底，我国风险投资机构共有 59 家，风险投资管理资本总额达 104 亿元。1999 年 11 月，《关于建立风险投资机制的若干意见》由科技部等七部委提出，进一步推动了我国风险投资市场发展。2000 年 10 月，深交所就创业板 9 项规则向社会征求意见，社会各界对创业板充满期待，本土风险投资机构也纷纷建立并储存项目。总体而言，由于我国经济体制改革步伐加速、市场环境趋于完善、政策法规切实可行等，这一时期我国风险投资市场发展如火如荼。

但是，从 2001 年开始，由于受到国际风险投资退潮和国内创业板市场推迟设立的影响，我国风险投资市场发展进入了调整探索时期。2001 年我国风险投资机构仅新增 74 家，增幅为 29.7%；2002 年仅 43 家，增幅为 13.3%；2003 年减少了 51 家，出现了负增长。与此相对应，2001 年我国风险投资管理资本总额增加 107.3 亿元，增幅为 21.0%；2002 年增加 69.2 亿元，增幅为 11.2%；2003 年减少了72亿元,减幅为10.5%。为了挽救低迷的风险投资市场,我国出台了一系列政策法规(如《关于推进资本市场改革开放和稳定市场发展的若干意见》《创业投资企业管理暂行办法》等)并修订了《公司法》和《证券法》。这些政策法规的出台和修订为我国风险投资市场发展提供了良好的法律基础并创造了更好的发展环境,以至于2004年我国风险投资市场又得到了恢复性发展。而且,从2006年开始,随着大众创业、万众创新的不断推进,我国风险投资市场虽然在2012年近乎半折,但总体已步入高速发展阶段。值得一提的是,从2007年至2010年,我国风险投资机构总数的增长率一直在20%以上,而风险投资管理资本总额的增长率更高,尤其是2007年,其增长率甚至达67.7%。

总体而言,我国风险投资市场的发展势头良好,已逐渐补齐投贷联动中"投"的短板。据创合汇联合北京大学企业大数据研究中心发布的《中国风险投资的演化和现状(2000—2017)》报告,从2000年到2017年,我国风险投资机构总数从106家增加到8863家,年均增长率为29.7%;我国风险投资基金总数从164只增长到19139只,年均增长率为32.3%;我国累计投资事件从143起增长到46357起,年均增长率为40.5%。

(三)美国风险投资市场发展实践

美国风险投资市场是国际风险投资市场的源头和缩影,其发展曾为且正为美国经济繁荣和科技进步做出重大贡献,因此,集中研究美国风险投资市场发展实践的意义重大。虽然世界上第一家具有现代意义的风险投资公司——美国研究与发展公司于1946年正式成立,但是,从市场角度来看,美国风险投资市场却真正兴起于20世纪70年代后半期。1971年,美国创建了"全美证券交易商协会自动报价系统"即纳斯达克市场(National Association of Securities Dealers Automated Quotations,NASDAQ)。此市场不仅能为高风险的科技型中小企业提供较为有效的融资服务,也能为风险投资市场中的风险投资资本提供较为便利的退出渠道。1973年,美国创建了美国风险投资协会(National Venture Capital Association,NVCA),此协会是美国第一家全国性的风险投资市场自律组织。在此协会的积极推动下,美国政府在法律、税收政策等方面对美国风险投资市场发展给予重大支持。1978年,美国劳工部对《雇员退休收入保障法》做出了新的修订,对其中的"谨慎人"(prudent man)做出了新的解释,规定在不危及整个养老基金投资组合安全性的前提下,养老基金可以进入美国风险投资市场,进而使得美国风险投资市场的资本供给更为充裕。1982 年,美国实施了"小企业创新研究计划"(small business innovation research program,SBIR),此计划致力于激励创新创业,引导风险投资资本向科技型中小企业倾斜,旨在推进科技成果转化和产业化发展,促进新技术和新产品的形成,进而推动整个国民经济的发展。1992 年,美国通过了《小企业股权投资促进法》并于1994 年正式实施。此法案所提出的"参与证券计划"规定:小企业管理局要对小企业投资公司公开发行的长期债券提供担保并代为支付利息。1994 年,美国又设立了纳斯达克小型资本市场(NASDAQ Small Cap Market,NSCM),即小盘股市场。此市场主要面向科技型初创企业。总体而言,20 世纪 90 年代的美国风险投资市场发展较快。

2001 年,由于受到互联网泡沫破裂的影响,大量处于互联网行业的科技型中小企业消亡,与此相对应的,美国风险投资市场也开始进入低迷时期。2003 年,为了促进其风险投资市场复苏,美国颁布了《新市场风险投资计划》,规定小企业管理局可向符合要求的新成立的风险投资机构提供担保。2003 年,美国通过《就业与经济增长税收减免协调法案》,将资本收益税率和红利税率从 20% 和38.6% 降至 15%。[①] 各州政府也出台相关法律法规,如加利福尼亚州的《2003 年创业风险投资法》、阿肯色州的《2001 年创业风险投资法》等。随着上述相关法律法规和税收政策的出台,2004 年,美国风险投资市场又开始回暖并趋向平稳。但是,由于受到次贷危机的影响,2008 年美国风险投资资本总额较 2007 年减少 8%,约为 280 亿美元。2009 年,由于受到国际金融危机的影响,美国风险投资市场又陷入低迷:美国风险投资总额为 203.78 亿美元,较 2008 年降低37%,是 2000 年以来最低的一年;总交易数量较 2008 年下降 30%;总筹资额仅为 2000 年的 1/7,较 2008 年下降 46%。但是,随着世界和美国经济的复苏,2009 年年末美国风险投资市场又有所恢复,而且自 2010 年以来逐步波动上升:2010 年美国风险投资资本总额升至 234 亿美元,较 2009 年提高 15.27%;2011

---

① 戴国强. 风险投资:美国经验及其对中国的启示[J]. 经济体制改革,2003(2):141-145.

年为 297 亿美元,较 2010 年提高 26.93%;2012 年为 273 亿美元,略有下降;2013 年又有上升,为 364 亿美元;2014 年至 2017 年分别为 605 亿美元、781 亿美元、638 亿美元、764 亿美元;2018 年为 995 亿美元,较 2017 年增长 30.2%,创历史新高。之后,美国风险投资总额连续超过 1000 亿美元,尤其是 2021 年,其总额超过 3300 亿美元。

综上可知,美国风险投资市场发展主要采用"官助民营"模式,其良性发展离不开美国政府和美国风险投资协会的大力支持以及纳斯达克市场的成功创建。

二、浙江省风险投资市场发展实践

(一)浙江省风险投资市场发展概况

浙江省风险投资始于 1993 年 4 月成立的杭嘉湖科技投资中心,但其风险投资市场一直到 21 世纪初都无太大发展。2000 年 8 月,为实施"一号工程",建设"天堂硅谷",优化创业环境并加速高新技术产业化进程,在对杭嘉湖科技投资中心改制的基础上,杭州市政府授权杭州市财政局出资成立杭州市高科技投资有限公司。该公司是一家综合性国有投融资公司,注册资本 27 亿元,下设基金管理公司、融资担保公司、创投服务中心等子公司并在美国硅谷设有投资基金及孵化器,主要负责杭州市创业投资引导基金、天使投资引导基金、重点产业知识产权运营基金、跨境引导基金、股权投资、政策性科技担保、融资周转及其他投融资服务。该公司不断探索,不断创新,已为杭州探出一条"引导基金+无偿资助+政策担保+科技贷款+周转资金+上市培育"的科技金融新路径,打造破解科技型中小企业融资难的杭州方案,被称为"杭州模式"。该公司及其子公司多次获得"科技金融控股集团 10 强""政府投资基金管理团队 50 强""最佳科技金融和创业投资集团 10 强""中国最佳创业投资领域有限合伙人 TOP 10""投中集团中国最活跃天使领域中资有限合伙人 TOP 5""清科中国政府引导基金 10 强""浙江省融资性担保机构 20 强""浙江省十佳融资性担保机构""最受信赖小微企业金融服务提供商全国百强""杭州市先进信用担保机构一等奖""杭州市国际一流营商环境建设工作成绩突出集体"等。尤其值得一提的是,该公司被评为"投中 2021 年度中国最佳有限合伙人 TOP 30",已连续 8 年入选投中榜。

2001 年 10 月,浙江省创业风险投资行业协会在杭州成立。该协会是由浙江省科技风险投资有限公司、浙江省创业投资有限公司、浙江天堂硅谷创业投资有限公司、杭州市高科技投资有限公司、通联创业投资股份有限公司等 7 家创业投资机构自愿发起设立的专业性管理组织,是以浙江省创业投资机构、天使投资人及其相关担保、咨询、服务机构和创业投资领域专业人士为基本会员的行业自律管理组织,旨在为科技型中小企业与创业投资机构提供重要的合作平台。

2010 年 5 月,浙江省股权投资行业协会在杭州成立。该协会的指导单位是浙江省地方金融监督管理局,由浙江省著名股权投资机构浙商创投股份有限公司、天堂硅谷资产管理集团有限公司、浙江浙科投资管理有限公司、浙江华睿投资控股有限公司、浙江赛智伯乐股权投资管理有限公司共同发起设立。该协会是以浙江省各创投机构、股权投资公司、银行、券商、上市公司、担保公司、律师事务所、会计师事务所等为基本会员的非营利性社会组织,以"携手共赢发展,助推产业升级"为宗旨,旨在建立行业自律机制,致力于促进浙江省股权投资行业健康发展,推动其经济转型升级,实现又好又快发展,进而为政府同金融行业搭建坚实的沟通桥梁。该协会集聚了浙江省内实力和业绩名列前茅的一批知名投资机构,总管理资产规模超过万亿元。

2014 年 7 月 31 日,浙江省天使投资专业委员会正式成立。该委员会是由杭州市创业投资服务中心、梦工场传媒有限公司、浙江蓝源投资管理有限公司、浙江天使湾创业投资有限公司、杭州乾盈投资管理有限公司和部分天使投资人自愿发起设立的专业性自律型组织,旨在加快浙江省天使投资市场发展,促进科技成果与创业资本的有机结合,更好服务于天使投资机构、天使投资人和科技型初创企业。该委员会隶属于浙江省创业风险投资行业协会,拟按照"政府搭台、协会唱戏"的原则并本着"开放、跨界、创新"的精神进行专业化运营,致力于打造一个互联网化的创新型协会。

总之,浙江省风险投资市场发展主要采用"官助民营"模式且正在发展中,但是,杭州市高科技投资有限公司、浙江省创业风险投资行业协会、浙江省股权投资行业协会、浙江省天使投资专业委员会等组织机构的引导作用也有待进一步加强。

(二)浙江省风险投资市场发展格局

在科技金融类政策法规、协会组织和引导基金的指导和支持下,浙江省风险投资市场已逐步形成以国有风险投资公司为先导且以民营风险投资公司为主体的发展格局。其中,国有风险投资公司主要有浙江省科技风险投资有限公司、杭州市高科技投资有限公司、浙江省创业投资集团有限公司、浙江天堂硅谷资产管理集团有限公司、通联创业投资股份有限公司、杭州高新风险投资有限公司、浙江大学科技创业投资有限公司、浙江新干线传媒投资有限公司、杭州通汇创业投资有限公司、浙江中新力合科技金融服务股份有限公司、浙江科发资本管理有限公司、浙江国信创业投资有限公司、梦工场传媒有限公司等;民营风险投资公司主要有浙江华睿投资控股有限公司、浙江电联创业投资有限公司、浙江金永信投资管理有限公司、杭州合全投资管理有限公司、杭州立元创业投资有限公司、杭州枫惠投资管理有限公司、杭州万豪投资管理有限公司、杭州瑞辰投资管理有限公司、浙江三生石创业投资有限公司、浙商创投股份有限公司、杭州飞来投资管理有限公司、浙江金桥创业投资有限公司、浙江五都投资有限公司、浙江华瓯创业投资有限公司、杭州浙商置业股份有限公司、杭州泰邦创业投资有限公司、杭州广润创业投资有限公司、浙江赛智伯乐股权投资管理有限公司、杭州杭康创业投资有限公司、浙江富鑫创业投资有限公司、杭州睿典投资管理有限公司、杭州凯弗雷投资管理有限公司、浙江杰邦创业投资有限公司、浙江凯喜雅投资有限公司、浙江如山创业投资有限公司、浙江美林创业投资有限公司、安丰创业投资有限公司、杭州盈开投资管理有限公司、杭州海邦引智投资管理有限公司、杭州燧石投资管理咨询有限公司、光大金控(浙江)资产管理有限公司、杭州博信投资管理有限公司等。

其中,杭州市高科技投资有限公司我们在上文已简单介绍过。下面我们将集中介绍浙江省科技风险投资有限公司、浙江省创业投资集团有限公司、浙江天堂硅谷资产管理集团有限公司、浙江华睿投资控股有限公司、浙商创投股份有限公司等风险投资公司,以期"窥一斑而见全豹"。

1. 浙江省科技风险投资有限公司

浙江省科技风险投资有限公司成立于 1993 年。该公司是由浙江省科学技术厅控股、杭州市高科技投资有限公司参股的国有全资企业,是浙江省首家风险投资公司。该公司旨在"支持高新技术及其产业的发展,加速科技成果转化,推进科技进步",以"支持创新者创业,帮助投资人发展"为理念。该公司自成立以来,立足浙江,面向华东地区,辐射全国,专业投资于新经济、新服务、新农村、新能源、新材料、新商业模式等高科技、高成长类项目,重点关注拥有自主知识产权且产品市场前景广阔的成长型企业,在所在细分行业诸如电子信息、高端装备、生物工程与医药、机电一体化、新材料等具有领先地位,其中所投资的"升华拜克""新安股份""传化股份""大立科技""银江股份""炬华科技"等先后在国内证券市场 IPO(首次公开募股)上市。该公司是浙江省创业风险投资行业协会和浙江省股权投资行业协会副会长单位,是最早与科技部创业投资引导基金合作成立直投基金公司的浙江本土创业投资公司,曾多次获得科技部"火炬计划优秀创业投资机构"和"优秀科技投资管理团队奖",并多年获得"浙江本土十佳创投机构""最具竞争力创投机构""中小企业最佳投资机构""优秀股权投资机构""浙商最佳投资机构""中国最具竞争力创投机构"等多项荣誉。

2. 浙江省创业投资集团有限公司

浙江省创业投资集团有限公司成立于 2000 年 9 月,由浙江省铁路投资集团、浙江赛德创业投资有限公司、巨化集团、浙江省能源集团、国网浙江省电力有限公司发起设立,是国内首批市场化运作的专业创投公司。自成立以来,该公司在节能环保、智能装备、信息电子、互联网、文化创意、高铁交通、新材料等领域积累了丰富经验,构建了产业整合优势,打造了一支投资业绩优良且具备良好职业素养的投资团队。该公司以"助力中国创新型经济与创新型企业快速成长"为宗旨,有着独特的"行业梳理、价值发现与增值服务"投资风格,具备专业的投资理念与卓越的服务精神,用真诚与激情点燃创业者的梦想,为其提供从业务定位、模式再造到管理转型、上市筹划等整体解决方案并与其共享成功硕果。该公司曾多年获得"浙江本土十佳创投机构""服务浙江成长型企业最佳投资机构""最具竞争力创投机构""服务浙江中小企业优秀投资机构""最具影

响力创业投资家""服务浙江中小企业十佳投资机构""浙江优秀创投机构 10
强"等荣誉称号。

3. 浙江天堂硅谷资产管理集团有限公司

浙江天堂硅谷资产管理集团有限公司于 2000 年 11 月由浙江省人民政府
牵头组建。该公司以"以人为本、求实创新、真诚服务、互利共进"为理念,高举
"铸就创业者成功的硅谷,打造投资者财富的天堂"的旗帜,自成立以来不断转
型升级,已实现创业投资、产业并购、金融服务三个板块业务并驾齐驱的格局并
发展为国内知名、省内规模较大的资产管理集团,是浙江省知名商号。该公司
由硅谷天堂、钱江水利、浙江东方、民丰特纸、正泰集团、浙江省化工研究院等国
内知名企业、上市公司股东组成。2014 年 4 月,该公司成为全国首批 50 家私募
投资基金管理人之一并在中国证券投资基金会协会备案;2015 年 7 月,该集团
的控股股东即硅谷天堂资产管理集团股份有限公司(833044)正式登陆新三板。
该公司根植中国、放眼全球,精准聚焦医疗医药、智能制造、人工智能和机器人、
大农业、节能环保、金融服务、地产上下游等领域精耕细作。该公司曾多年获得
"浙江本土十佳创投机构""中国最佳人民币基金投资机构""中国科技投资业务
创新奖""中国最佳创业投资机构(含外资)TOP 50""中国最具竞争力创投机
构""浙江金融功勋企业""服务浙江成长型企业最佳投资机构""服务浙江中小
企业十佳投资机构""中国最佳产业投资机构""中国最佳创业投资机构""中国
最具创新力综合性基金管理机构"等荣誉称号。

4. 浙江华睿投资控股有限公司

浙江华睿投资控股有限公司创立于 2002 年,是一家追求独特、专业、稳健、
可靠的民营风险投资公司。该公司自创立以来始终坚持扎根本土,自觉承担本
土创投使命;始终践行"投资+服务"理念,坚持产业投资与产业链布局策略;始
终坚持增值服务立身,用顾问公司的模式做投资;始终坚持产业投资理念、编织
产业链;始终坚持结果导向原则,创新基金管理制度,赢得普遍认可。该公司已
形成智能装备、LED 与环境技术、消费服务、健康医疗、跨境电商、数字出版、大
数据、智慧工业等产业链,未来还将深化新产业布局,战略投资产业核心企业,
打造产业发展平台。截至 2017 年年末,该公司拥有各类基金 60 余只,管理资

产规模超过 100 亿元,累计投资项目超过 160 个,累计退出项目 50 余项,成功退出比例超过 20%。其中主板和创业板上市案例包括"浙富控股""水晶光电""梅泰诺""迪威视讯""贝因美""康盛股份""申科股份""龙生股份""赞宇科技""远方光电""慈星股份""茂硕电源""北信源""中文在线""安车检测""英飞特""财通证券""中欣氟材""万兴科技"等;"金帆达""医惠科技""商达环保""梦幻星生园""优网科技""泰一指尚""掌维科技"等通过上市公司并购退出;新三板挂牌和其他方式退出多项。该公司是浙江省创业风险投资行业协会和浙江省股权投资行业协会副会长单位,获得"清科中国本土十佳创业投资机构""浙江十大创投机构""福布斯中国最佳创投机构 30 强""浙商最值得信赖股权投资机构""中国创投金鹰奖最具竞争力创投机构"等荣誉称号。其董事长宗佩民连续多年入选"福布斯中国最佳创业投资人""浙商十年功勋奖""中国创投金鹰奖杰出创业投资家"等。

5. 浙商创投股份有限公司

浙商创投股份有限公司于 2007 年正式成立,是浙江省管理资金规模最大、实力最强的资产管理平台之一,是中国创业投资专业委员会联席会长单位和浙江省股权投资行业协会轮值会长单位。该公司秉承"传承浙商精神、助力民族产业"的理念,坚持价值投资与价值创造,不断提高投资精准度和投资回报率,致力于为投资人创造持续、稳定的投资回报。该公司重点关注移动互联与创新消费、文化传媒及现代服务业、医疗健康、节能环保等行业与领域,已成功投资"华数传媒""华策影视""普路通""贝因美""品尚汇""迪威视讯""郑煤机""慈星股份""喜临门""跃岭股份""中搜网""云南路桥""飞利信""广汇汽车""联创电子""企源科技""中南卡通""中新科技""杭科光电""东管电力""快拍物联""东方时尚""爱尚鲜花""爱侣健康""小冰火人""创新医疗""汉鼎股份""明视康眼科""巴九灵""幸福 9 号""米粒影业""度周末""惠民网"等优秀企业,并多次获得"中国创业投资机构 50 强(本土)""中国最具 LP(有限合伙人)投资价值 GP 50 强""浙商最信赖创业投资机构""浙江金融投资明星企业""中国最具竞争力创业投资机构""服务浙江成长型企业最佳投资机构""服务浙江中小企业十佳投资机构""中国优秀创业投资机构杰出成就奖""杭州市西湖区突出贡献十佳企业"等荣誉称号。2015 年 11 月 5 日,该公司在新三板正式挂牌,证券名称为

"浙商创投"(股票代码834089),是浙江省首家成功登陆新三板的民营控股创投机构,也是浙江省首家成功登陆新三板的"浙商系"金融机构。该公司目前拥有近百人的专业管理团队,其核心团队有着丰富的投资管理经验,管理了30余只VC/PE基金、天使基金、新三板基金、定增基金、并购基金,管理资产规模达300亿元。除了杭州总部,该公司还在北京、上海、深圳、沈阳、美国硅谷等地设立子公司或基金。其董事长陈越孟是浙江省政协委员,还先后当选为"中国创业投资专业委员会联席会长""中国国际商会副会长""浙江省股权投资行业协会首任执行会长""浙江省民建企业家协会会长""浙江省并购联合会副会长""浙江大学校友总会上市公司联谊会副会长""杭州市宁波商会常务副会长",并获得"风云浙商""中国优秀创投家金奖""中国企业家精神投资人 TOP 20""中国投资家 TOP 100"" 胡润2016年度中国最佳创业投资人 TOP 50""中国创业投资家卓越奖"等荣誉。

三、结论与建议

(一)结论

(1)美国风险投资市场发展主要采用"官助民营"模式,其良性发展离不开美国政府和美国风险投资协会的大力支持以及纳斯达克市场的成功创建。

(2)浙江省风险投资市场发展主要采用"官助民营"模式且正在发展中,但是,杭州市高科技投资有限公司、浙江省创业风险投资行业协会、浙江省股权投资行业协会、浙江省天使投资专业委员会等组织机构的引导作用也有待进一步加强。

(3)浙江省风险投资市场已逐步形成以国有风险投资公司为先导且以民营风险投资公司为主体的发展格局。

(二)建议

1.应以浙江省风险投资市场建设为中心

科技金融服务体系由政府促进体系、风险投资市场、科技信贷市场、科技资本市场、科技担保市场、科技保险市场与绩效评价体系构成。考虑到风险投资市场是"轻资产、重创意、高风险"科技型中小企业重要的直接融资场所之一,加之风险投资公司诸如杭州市高科技投资有限公司、浙江省科技风险投资有限公司、浙江省创业投资集团有限公司、浙江天堂硅谷资产管理集团有限公司、浙江华睿投资控股有限公司、浙商创投股份有限公司等是科技型上市公司的"摇篮"和科技型中小企业的"沃土",因此,在浙江省科技金融服务体系构建与完善中,应以浙江省风险投资市场建设为中心,应强调其核心地位。虽然我国风险投资市场的发展势头良好,已逐渐补齐投贷联动中"投"的短板,但与美国风险投资市场发展规模与质量的差距仍然很大,因此,在浙江省科技金融服务体系构建与完善中,也应借鉴美国风险投资市场发展的"官助民营"模式,进一步加强杭州市高科技投资有限公司、浙江省创业风险投资行业协会、浙江省股权投资行业协会、浙江省天使投资专业委员会等组织机构的引导作用。

2.应培育"容忍失败和破产"的创投文化

浙江省风险投资市场已逐步形成以国有风险投资公司为先导且以民营风险投资公司为主体的发展格局,对此浙江省政府应顺其自然,"无为而治"。但是,对于管理并使用诸如创业投资引导基金、无偿资助资金、天使投资引导基金、政府产业基金、奖励资金等财政科技投入的国有风险投资公司,在引导方式上则要"更上一层楼":除了采用阶段参股和跟进投资等引导方式,还要拿出适当比例的财政科技投入,投向失败一次或几次但在圈内很有想法且很有能力的"创客"和天使投资者,从而形成"大众创业、万众创新"和"容忍失败和破产"的创投文化。"容忍失败和破产"的创投文化对浙江省风险投资市场建设至关重要,不能光说,定要培育。

3.应完善风险资本的退出渠道

美国风险投资市场的蓬勃发展与纳斯达克市场的成功创建显著相关,对此浙江省政府应该重视。浙江省政府应颁布一部涵盖科技金融各子体系或子市场的综合性政策法规。此综合性政策法规应包含专门针对浙江省风险投资市场的重要篇章,而且要强调风险资本退出渠道的建设与完善。这就是"官助民营"模式:在政策法规和退出渠道方面鼎力相助,其余方面则顺其自然,"无为而治"。作为地方政府,浙江省政府虽然在主板市场、创业板市场、科创板市场、新三板市场等建设与完善方面难有作为,但在开辟并推进并购重组、股权转让、股权回购、管理层收购、清算破产等退出渠道方面可有作为。

四、本章附录

(一)杭州"天使"进化记①

杭州一位正在注册企业的创业者在朋友圈分享道:"注册大厅人山人海,杭州人创业热情依然高涨啊!"都说互联网产业"寒冬已至",但杭州的创业者们热情不减。

2015年,杭州的投资圈又迎来了几位"大咖":美国国际数据集团(IDG)创始人熊晓鸽决定来杭州驻点了,36氪、虎嗅等天使科技媒体暨孵化机构也已"驾到"……

2005—2015年,杭州天使投资完成三级跳,后来者居上。

天使投资在杭州,正架起一座桥,它一头牵引着无处可去的民间资本和转型期的产业资本,另一头连接着新兴经济的星星之火,引导业界逐步形成"星火燎原之势"。

杭州"天使",到底有多少规模?

有人说是1亿元,也有人说是2亿元。而据杭州市创投服务中心统计,2013—2015年,仅杭州天使引导基金参股运行的8只天使基金规模就已经超过4.45亿元了,而全市产业的实际数字一定是远远比该数字大得多了。

为此,杭州人近两年来也一改低调之势,积极应对北上广的竞争,加入了"中国硅谷"名号的追赶之列。

尽管除了阿里巴巴,杭州迄今为止还没有培育出另一家相当量级的世界级"独角兽",但是这些关于杭州天使投资不为人知的演变和叹为观止的成长速度,你一定要知道。

杭州天使投资1.0:自然人"天使"

时间:2001—2012年

---

① 周恺秉,夏芬娟. 杭州"天使"进化记[J]. 杭州科技,2015(4):6-11.

特点：业界"牛人"却不为外人知，多数天使投资人为创业者起家

代表人物：海康威视龚虹嘉、唯品会吴彬

中国的天使投资最早始于 20 世纪 80 年代。彼时，在浙江，懵懂的草根创富才刚刚开始，资本原始积累处于初期，鲜有人去理解大洋彼岸的美国硅谷正在活跃着创造财富神话的"天使"到底是什么。但实际上，人们研究深入才发现，"1.0 版"持续时间最长，"天使"的投资回报也最惊人。只不过，天使投资始终还只是少数人的游戏。

"1.0 缔造者"之一是神秘股东龚虹嘉。2001 年，海康威视成立时，注册资本只有 500 万元，此后再未追加投资。到 2013 年，12 年时间公司市值即增长 1.7 万倍。而早在其公司成立注册之初就以天使投资人身份进入的神秘股东龚虹嘉，成为此次造富神话中的最大主角：最初的出资额是 245 万元，最高时身家达到 240 亿元，去除中间的股权转让成本回收，回报率更是超过万倍，创下天使投资之最。相比之下，当年投资 9.1 万美元给苹果的天使投资人最终获得的回报也不过 1692 倍；托马斯·阿尔伯格（Thomas Alberg）一开始投资亚马逊 10 万美元，最终的回报也不过 260 倍。

2015 年的胡润浙江富豪榜单上，龚虹嘉夫妇以 340 亿元的身家，与李书福父子并列第 7 位，排在邱光和、沈国军之前。

龚虹嘉原籍杭州，早年毕业于华中理工大学（今华中科技大学），后来一直在广州和香港等地从事电子产品的外贸业务。也正是基于对电子产业的了解，此后的十多年里，他的天使投资一直集中在该领域。除了海康威视，他还投资了做移动流媒体解决方案的广州富年电子科技、做智能卡及应用软件的广州德生科技等。

作为天使投资人，他的胸怀和气度也是叫人钦佩的。2006—2007 年，海康威视两次以未分配利润投入增资，注册资本达到 1.4 亿元，是原注册资金的 28 倍。而此时的龚虹嘉践行承诺，将所持公司 15% 的股权，仅以 75 万元价格转让给杭州威讯投资管理有限公司，该公司由海康威视 49 名高管共同持股，海康威视由此实现第一次股权激励。不难想象，龚虹嘉此次的决定对团队的激励作用到底有多大。

2007 年 11 月后，海康威视又以视频监控领军者的身份一路快速前进。

2013 年市值突破千亿元,到 2015 年 9 月,市值已达 1350 多亿元。

和龚虹嘉类似的,是唯品会的天使投资人之一吴彬。杭州天使投资"1.0"的二号缔造人物。吴彬是活跃在杭州的温州人,和唯品会创始人沈亚是长江商学院同学,其公开资料少之又少,低调的吴彬更习惯退隐于项目幕后。当初在美国上市时,唯品会的发行价仅 6.5 美元,而到了 2014 年 2 月,唯品会加入纽交所的"百元股"俱乐部,最高时 2014 年股价一度上升到 200 美元每股。作为联合创始人介入,吴彬对唯品会的投资,回报率在千倍以上。

几乎也是在同一时间,正在创业中的另一家互联网企业阿里巴巴,却没有那么幸运地被本地的天使人慧眼发现,而是被日本天使投资人软银集团创始人孙正义收入囊中。错失了这样一家世界级的互联网"大咖",这也让我们确认了,彼时的杭州"天使"和"2.0"还是有距离的。

一直到 2010 年前后,一批对互联网新经济有着足够理解的新生代创业者陆续诞生,为此后杭州的天使投资爆发性增长奠定了基础。尤其是在此期间赛伯乐还投资了聚光科技,实现了回报获利超 300 倍的天使投资佳话。

杭州天使投资 2.0:风险投资天使化和天使机构化

时间:2012—2014 年

特点:天使投资机构化

创投机构代表人物:陈越孟、宗佩民、陈斌、黄金明、曹国熊等

天使机构代表人物:李治国、庞小伟、柳阳、姚勇杰、项建标等

当以个人为投资主体的天使投资越来越表现出局限性时,越来越多的投资人开始以机构的名义联合起来,优势互补,分别以专业知识或人际关系的优势,帮助创业者。这在 2014 年被演绎到极致,机构化的天使投资形式更是一跃成为一种主流和时尚。

曾经投资无门的浙江民资,开始领悟到天使基金的价值和真谛。杭州天使投资也就自然而然地晋级到"2.0 版"。

这个过程并非一蹴而就。一方面,得益于 10 多年的加速度铺垫、人才培育等,另一方面,当然也得益于 2014 年阿里巴巴赴美上市的全球财富效应。

事实上,除了浙大系,来自阿里的经验者们开始带着互联网的新思维走出去,"四处开花",成为杭州天使投资领域的一道亮丽风景线。

再也没人敢忽视阿里巴巴的强大辐射力,为了争夺优质项目,天使基金几乎到了逢阿里系必投的境地。

2010 年 9 月,阿里巴巴出身的李治国正式从阿里巴巴离职,开始了天使投资人和创业者的双重身份生涯。

这期间,他的"作品"除了挖财网,还有蘑菇街、快的打车等。众所周知,快的打车 2012 年在杭州上线,2014 年在全国的移动端掀起一场"腥风血雨",2015 年与滴滴打车合并后的最高估值达 110 亿美元!"110 亿美元!我自己都没有想到过。"快的打车创始人陈伟星说。

作为天使投资人李治国更是一战成名,2012—2014 年获利数千倍,成为最大的获利者之一。同时,他任 CEO(首席执行官)的挖财网,也于 2015 年 7 月成功完成 B 轮 1.3 亿美元融资。

而实际上,曾是快的打车死敌的滴滴打车,其背后最早的天使投资人和最主要的推手,也是阿里人王刚。而后考虑到快的和滴滴之间的恶战可能成就其共同的竞争者,王刚又从中协调,一手促成了这场史无前例的并购。

既投又创,投而优则创。"2.0 版"的"天使"既有投资经验,又对创业失败有着切身的认识,还会结合实践创建一套自成一体的"独创剑法":投资自成体系、风格不拘一格,如天使湾。

天使湾创始人庞小伟把"2.0"演绎到了极致:他自己本身也是一位创业者,参与创立的"E 都市"被并购后,他转而成为一名早期"天使"文化的忠实推进者。

崇尚野生、不要项目投资计划书,2013 年、2014 年这两年,"70 后"的他带着"80 后""90 后"的"天使",用他们自己的那套逻辑布局移动应用类 O2O 项目,寻找未来之星,他愿意孤独地守护着那些看似脆弱的"幼苗"。截至 2015 年 10 月,天使湾已累计投资超过 2 亿元,投资了"洋码头""下厨房""美妆心得"等创新项目,五年股权增值超 10 倍。

除了庞小伟、李治国这些新生势力,浙商资本投资也在纷纷前移,他们演绎的"天使 2.0"版似乎更为沉着。

2012 年是个重要的分水岭。IPO 暂停、股权投资遇冷的情况下,浙商创投、华睿创投、赛伯乐、华瓯等一批原来专注风险投资的资金也纷纷前移,开始聚焦天使投资。

浙商创投创始人陈越孟从 2012 年开始,将目光重点聚焦在文创及移动互联网应用领域早期的项目,抛弃了传统的估值评估体系,彻底开创了天使投资的新趋势。到 2014 年,投资模式渐趋成熟后,浙商创投一口气投下的移动互联网相关的项目就达 30 多个。"未来属于'80 后''90 后'一代人,我们必须适应他们的思维方式。"浙商创投陈越孟这样为"天使 2.0 投资"法则注解。

华睿创投的宗佩民也在做尝试,带着传统领域的浙江产业资本,将其投资项目周期前移,为传统制造企业定制转型急需的新项目。"移动互联网经济时代,改写的是全部的投资规则。"华睿创投的宗佩民说。

"2.0 时代"的天使投资呈现规模化和专业化的特点,在 2014 年表现得最为突出。根据杭州市创投服务中心的数据,2014 年,杭州成立天使引导基金,当年就参股"天使湾""鼎聚""嗷澜"3 只天使基金,基金规模 1.55 亿元,截至 2015 年 6 月底,参股基金已达 13 只,基金规模已达 7.28 亿元,投资项目超过 60 个。

由此可见杭州天使投资发展速度有多快。对中国"天使"而言,2014 年也是意义非同寻常的一年。这一年,天使基金中,人民币天使投资基金规模约为美元投资的 20 倍,以压倒式的优势成为中坚力量。这一年也被业界定义为天使投资的"机构化元年"。

事实上,在引导杭州一步步迈向"天使之城"的道路上,另一股隐形推动力量来自政府创投引导基金。

早在 2008 年,杭州市政府即成立了创投引导基金,试图扮演"天使"来到人间的引路人角色。除了支持赛伯乐、华瓯、华睿、浙商创投等本地天使机构,杭州市政府还引进了深创投、德同资本等国内著名创投机构。

截至 2015 年 6 月底,创投引导参股基金 33 只,基金规模 45 亿元,投资项目 186 个,投资金额 24.6 亿元,带动社会联合投资金额 22.7 亿元,引导基金实际带动社会资本放大倍数近 10 倍。

杭州市蒲公英引导基金于 2014 年诞生,开始规模仅 7500 万元,2015 年增资到 3 亿元,2017 年增资到 5 亿元。它又将撬动多少社会资本呢? 又一个以众创为主题的时代,拉开了杭州"天使 3.0 版"的新帷幕。

杭州天使投资 3.0：天使＋联盟 众创空间崛起

时间：2015 年至今

特点：众创空间＋天使投资

代表人物：六和桥马海邦、贝壳社姜慧霞、湾西加速器张洁、乐创会卢艳峰、微链周侃奇等

2015 年的深秋，终于受不住杭州"天使"和创业者的"诱惑"，IDG 创始人熊晓鸽兴致勃勃而来，在杭州设立落地机构，加派精英"驻守"。

"不愿意错过下一个马云。"熊晓鸽说，焦虑中带着满满的期待。

除了 IDG，德同资本、软银资本、红杉资本等在杭州也日益活跃了起来。"天使＋联盟"，他们的到来本身就是杭州"天使 3.0 时代"到来的最好注脚。

2015 年年初，李克强总理走进深圳的一家小型众创空间"柴火空间"，提出了"大众创业、万众创新"的倡议，引燃全国的创业之火，也引燃杭州"天使 3.0"兴盛之火。

循着这一理念，在杭州偏西北的一片空地上，一座"梦想小镇"崛地而起，3 年内，这个小镇的投资规模达数 10 亿元，为天使投资提供了宽广的表演舞台。这里有一系列为初创期企业定制的优惠政策和配套服务。

既然为天使投资的高级版，"3.0 版"自然少不了增些渲染情绪的氛围：浓浓的咖啡香味，萦绕在空气中的"新科技味道"，这些元素糅合，透露出一股浓浓的人文情怀，而这种情怀需要一个空间来承载——众创空间应运而生。

在隔江而望的滨江区，背靠六和塔、面朝钱塘江景，一场场"咖啡沙龙"为极具潜力的创业者和极具智慧的资本，搭建了一座桥梁。从 2014 年 5 月开始，每个周四的下午，智慧的交锋会在浓郁的咖啡和茶香中散发出类似硅谷的孵化器气息。

滨江六和桥孵化器、众创空间"5050 计划加速器"，集合了"政策扶持＋创业导引＋持股孵化＋创业投资"的运营模式，已经促成了诸如杭州米趣网络等 10 多家创业企业的融资和成长。

北京有车库咖啡、创客空间、36 氪等众多新型天使服务机构，杭州也不乏 B 座 12 楼、贝壳社、青创迭代空间、浙江大学 e-WORKS 创业实验室等入选"国家队"的天使孵化机构。

它们不仅为初创者提供启动资金,还为其提供空间、经验、氛围乃至生态链,在"创客空间"里,创客灵感涌动,资源整合频现。在 2015 年这个并不平凡的年份里,他们已经开启了一幕幕帮助创业者从 0 到 1 的感人场面。

既然进入"3.0 时代",普通的项目自然入不了机构法眼,TMT(科技、媒体、电信)行业的获投比例远高于其他行业。更重要的是,投资和孵化机构不仅提供专业的空间,而且还很注重细分和专注。

众创空间贝壳社特别钟情于医疗健康行业的孵化,这样的医疗健康类孵化空间也是国内首家。2014 年创立的贝壳社以其独有的情怀脱颖而出。之所以说情怀,是因为贝壳社提供给创业者的是系统的培训服务:为期 18 周的训练和帮扶,包括免费场地、种子基金、与风投机构和大企业的对接、知名创业导师指导等,大大提高了转化率。而这样的情怀,也感染了原本在一家知名生物诊断公司拿着高薪的赵芸,他毅然加盟,成为一枚"贝壳人"。

其实,在新生代众创空间+天使投资活跃的同时,老一代成功的杭商如华立汪力成、贝因美谢宏、康恩贝胡季强等发起的专项孵化基金或产业园区支持呼应天使投资,成为推动新一轮浙江产业资本转型升级的生力军。

展望"4.0 时代":让"独角兽"飞起来

在"3.0 时代",人们自然少不了有要打造几个乃至一批"独角兽"的遐想和期待。

硅谷之所以为硅谷,不是说天使投资资金规模有多么大,而在于创造出"独角兽"公司的概率是那么高。仅在 2014 年,硅谷就诞生了 16 个"独角兽"。从苹果、谷歌再到 Facebook(脸书)、特斯拉、Uber(优步)等,好似这些世界级的公司都非硅谷制造不可。

而在今天的杭州,几乎每一家众创空间的天使投资者们都怀揣着打造一批"独角兽"的未来之梦。这不是没有可能的。

而"独角兽"这一新词,本身就是近年才出现的"舶来品"。

杭州会诞生多少"独角兽"?

挂号网、时空汽车、挖财、51 信用卡、丁香园、泰一指尚、宏杉、优思达、安恒……到底是谁,现在还不确定,但肯定不止一个。

全球 50 位商业管理思想家之一阿尼尔·古普塔解释说,大企业是硅谷模式的核心体制之一。

上海为什么终究未能创造出阿里巴巴这样的世界级互联网公司,与"中国硅谷"资质候选擦肩而过?

不是因为大企业不够多,而是未能形成大企业滋润小企业的互补企业圈。不过杭州却有这样的"互补"氛围:

杭州已经造就了阿里巴巴这家享誉世界的互联网"大咖"。而后的几年里,阿里巴巴开始为杭州的"天使"及科技企业源源不断进行人才、资本和创新创业文化的输出。

在今天的杭州,与天使投资和众创空间相生相伴、"相濡以沫"的,是以阿里系、高校系、海归系、浙商系为代表的四大创业派系日益茁壮的队伍,是"3.0时代"的创业版图。

杭州,打造下一座"天使"之城,正可谓天时地利人和兼具。

众所周知,"天使"之所以称为"天使",是因为它总需要在九死一生中,砥砺前行。它的失败率高达99%。

在浙江,平均每天诞生私企483家,13个人中有1个是老板。他们中到底有多少成为明日之星,成为传说中的"独角兽"? 不好说。

但至少,他们比10年前要幸福得多,他们享受着政策、免费扶持空间、四处寻觅着项目的天使资金,还有过来人的经验、人脉和累计的智慧……

"天使"不会甘于平庸,依然会再加速度进化。所以,身处"3.0时代",你不要讶异怎么总是有一茬茬的"独角兽"新星升起。

全球领先的大数据营销企业泰一指尚,其自有的大数据平台每日处理用户曝光量可达100亿条,全面覆盖5亿名在线网民。绩优投资创始人胡敏翔作为天使人获得了超过250倍的回报,杭州华瓯创投等众多投资机构都争先恐后投资。

时空汽车2013年由杭州鼎聚茂华投资505万元,而2015年时空汽车估值已高达60亿元,投资增值已逾60倍。

引领世界生物科技的第三代基因芯片技术基因测序项目也正在杭州落地……

"3.0"的演变还在继续,而且速度超过以往任何时候。"3.0时代"的"天使"

和创业者,都别责怪这个世界变化太快。

而实际上,除了传统的众创空间,更为激进的"升级版 3.0"新生代"众筹空间"也已经在杭州露脸,如活跃在金融界的"江南愤青"和他的"江南 1535 茶馆",这家股东数超过 2000 人的茶馆,正在将天使投资之翼从高端人群引向更为普遍的中产阶层。

也许在未来,这样的"众筹空间"会带着杭州引领中国乃至全球,走向"4.0 全民天使"时代,那又会是天使投资的终极版吗?

(二)周恺秉:杭州是下一个硅谷①

尽管杭州很早就被经济学家称为"最有可能变成硅谷的城市",但要找出新鲜有力的论据来马上证明两者的联系,并不是一件容易的事。

这个问题困扰了周恺秉一个冬天。

当春天来临时,他有了答案。

2018 年 3 月 12 日植树节那天,春意盎然,在杭州第二届万物生长大会的演讲台上,周恺秉做了题为"杭州,一个新时代崛起的硅谷"的演讲。

他的普通话带一点温州口音,语调慢悠悠的,平和又好听。

他列举了两份 2017 年年底的全球榜单,一份是全球上市企业市值前十强,另一份是全球前十的"独角兽"公司。在这两份重量级榜单上,全世界只有两个地方的公司同时上榜:一个是硅谷,另一个是杭州。

当时杭州的阿里巴巴是已上市全球企业市值前十强之一,杭州的蚂蚁金服位居全球"独角兽"企业估值榜首。

"我们这个城市,是大踏步向硅谷迈进的一个城市。"

陈述这个结论的时候,周恺秉的声音激动得稍微有点颤抖。

在现场,热血沸腾听他演讲的,有包括杭州"独角兽"企业在内的 1000 多家企业的负责人,有杭州乃至全国最优秀的投资人,还有杭州市领导。

周恺秉是谁? 杭州市创业投资协会轮值会长,杭州市高科技投资有限公司(以下简称"杭高投")董事长、总经理。

---

① 张向芳. 创杭州:造梦之城的 26 个造梦者[M]. 杭州:浙江工商大学出版社,2020.

杭高投是由杭州市政府授权杭州市科委出资成立并管理的国有投资公司，旗下业务包括杭州市创投引导基金、天使引导基金、政策性担保及其他投融资服务——每一项都与"造梦者"息息相关。

你可以这样理解，他是创业创新方面政府理念的具体执行者。事实上，他也是对杭州投资券、创业圈了如指掌的人。

为 2000 家企业担保融资超 70 亿元：丁香园、贝达药业都曾在危机中获得帮助

丁香园到杭州创业的故事，2018 年年初在网上流传甚广。创业之初，这家优秀企业曾得到杭州市科委的多次帮助。

第二届万物生长大会上，时任杭州市科委党组书记、主任阳作军再次表示：我负责阳光雨露，你负责茁壮成长，杭州时刻准备着用心打造新物种孕育和成长的沃土。

包括丁香园在内，初创期得到帮助和支持的企业有很多。

丁香园的创始人李天天，2006 年来杭州创业的时候，只拎了一个小箱子，他并没打算待多久。但审批手续的顺利，政府服务的到位，以及刚来 3 个月杭州市科委就把一间办公室租给了他，这让李天天决定扎根杭州。

2008 年，丁香园遇到了最大的困难，资金链眼看就要断掉，杭高投下属子公司杭州高科技担保有限公司（以下简称"高科担保"）给予其信用担保授信 100 万元。

这笔钱在紧要关头缓解了公司的压力，丁香园日后的发展日益稳健，从最开始的三个人到员工逾千人，丁香园成为已经实现规模化营收和盈利的知名互联网公司。

政策性融资担保业务是杭州的一项创举。有了政府的担保，银行可以放心地放款，企业解决了最头疼的资金问题。

"科技型企业是轻资产，比较难向银行拿到贷款，我们要做的，就是解决企业的两个问题：融资难、融资贵。"周恺秉说。

今天很多很"牛"的创新企业，都曾得到过帮助。

海归博士丁列明创办的贝达药业，2008 年曾面临资金链断裂的难题，在危急时刻，高科担保"雪中送炭"，伸出援手。3 年后，贝达药业研制出抗肺癌新药凯美纳。

林东新能源自主研发的首台容量达 3.4 兆瓦的发电机组,创下"世界之最"。可是在项目初期,频频遭到银行拒绝,贷款困难。高科担保为其担保贷款2000 万元,支持项目的推进。

2017 年 4 月在 A 股上市的正元智慧,更是一路由高科担保相伴。这个国内校园智能卡应用领域企业,从 2008 年开始,几乎每年都能得到担保资金的支持。

截至 2017 年年底,高科担保走访了上万家企业,累计支持小微企业近 2000家,担保融资金额超 70 亿元。2013 年推出的融资周转业务,累计为 800 家(次)企业提供融资周转资金约 55 亿元,为企业节省融资成本超过 2 亿元。

如果把杭州的创业企业做一个金字塔形的分布,杭高投直接帮助过的企业,如今分布在金字塔的各层,有令人瞩目的"独角兽",有高速奔跑的"小独角兽",还有孕育着更多可能性的初创型企业。

"杭州给了创业者一个自由、开放、平等的软环境。"李天天的感慨,也是杭州这些年不断吸引创业者、投资者前来的理由。

从挑选"千里马"到寻觅"伯乐":基金数量和总额双"破百"

2018 年 4 月底,杭高投又得到一块奖牌,荣膺"投中 2017 年度中国最佳有限合伙人 TOP 20"。类似有分量的奖项,杭高投没少拿。杭州市创投引导基金连续 7 年被评为"全国十佳政府引导基金"。

作为杭州规模最大的 LP(有限合伙人),到 2017 年年底,杭高投管理的基金先后投资的深创投、创东方投资、德同资本、硅谷银行资本等国内外知名创投基金逾 100 只,基金总额超过 100 亿元,实现了"双破百"。

根据周恺秉对硅谷的解读,创新需要非常好的土壤,而发展创业投资和天使投资是其中非常重要的一个方面。

"硅谷就是以创新投资、天使投资发展起来的一个地区。硅谷创业投资、天使投资的份额占美国的 30%左右。"独角兽"企业或者伟大的企业背后,都有投资者的影子。"

在杭州,不管是 2008 年率先在国内探索成立的杭州市创业投资引导基金,还是后来增设的蒲公英天使投资引导基金,这些不以营利为目的的政策性基金,借助市场化的手段放大财政资金杠杆的作用,正在支持创新创业方面发挥着积极重要的作用。

相较于传统"直接无偿资助"的方式,基金模式以小博大,有效撬动了社会资本。而面对现在越来越高的创业成本,在市场手段下,由创投机构支持初创企业,好处不只是输送资金,还输送了企业成长所需的"营养液"。

此举凸显的,是政府主动打破部门权限,实现从原来的行政式拨款向市场化机制转换的创举。

擅长用通俗的比喻让外行"秒懂"的周恺秉,用选"伯乐"还是选"千里马",形象地描述政府的这种职能角色转换。

传统政府支持科技型企业的模式是以项目补贴的形式,由政府直接选"千里马";而通过引导基金,则意味着由政府选择"伯乐"即投资公司,再由这些专业的投资机构用专业的眼光去选"千里马"。

"相比之下,有着营收压力的投资机构,更能挖掘出真正具有市场前景的'科技之光'。"周恺秉说。

由浙江赛伯乐总裁陈斌设立管理的"灵峰赛伯乐",是第一批合作子基金,投出了经典案例——聚光科技。2011年上市后,该公司市值曾突破140亿元。

由华睿投资董事长宗佩民管理的华睿富华所投的项目中,泰一指尚、医惠科技均被成功并购。

截至2017年年底,引导基金共投资了600多家企业,其中聚光科技、汉鼎信息等15家企业上市,16家被上市公司并购,还有12家在新三板挂牌。这样的成绩在全国是领先的。

可以说,引导基金以一种新的方式为初创企业"保驾护航",也支持和推动着本地风投机构的发展,同时还为社会创造了税收和就业机会,结果是多赢的。

杭州活跃的投资机构与引导基金密切合作,共同发展,为创业提供了一个好环境。

杭州投资圈很认可周恺秉。创投方面的事情,他似乎从不说"不",杭州的创投专家在微信群里请他周末出席活动,他总回复"好的"。而且有好几次,因为其他专家临时有事不能演讲,他作为"备胎"前去"救场"。

人缘好,又对行业熟悉,周恺秉还把看似不可能的事变成现实——邀请了史上既"牛"又低调的投资人龚虹嘉来杭州演讲,而且邀请他担任杭州创业投资协会的名誉会长。

硅谷何以成为硅谷:新时代的合作与呼应

周恺秉生性低调,不张扬,但一开口,博古通今的谈吐就把人吸引住了。经常说到最后,他会来一句:"我都是瞎说,你们听听笑笑就过去了。"

这个毕业于中国人民大学经济应用数学专业的高才生,从20世纪90年代起,就开始研究创业投资了。2007—2008年到美国波士顿大学做访问学者期间,他还专门了解了美国的创投领域,研究了美国各个州的政策。到杭高投任董事长之前,他一直在做这方面的研究。

他研究过硅谷,他认为硅谷科技创业者能引领全球的产业变革,得益于良性循环的创业生态系统,包括成熟的风投机制,鼓励冒险、宽容失败、以人为本的创业文化,高度发达的创业服务体系等。

作为杭州市政协委员,周恺秉很早就在投资方面建言献策,他认为创新创业与风险投资是一对密不可分的"双胞胎",而硅谷就是将创新创业和风险投资完美结合的典范。

他深入观察本地的创业创新,研究大洋彼岸的硅谷,跟创投专家沟通交流,然后把科学合理的建议传递给政府。

杭州与硅谷,在新时代正发生着各种联系和呼应。

一个良性循环的创业生态系统,也正如周恺秉所愿,在各种创新力量的共同推动下,逐渐形成。

杭州,正在成为新时代崛起的硅谷。对此,周恺秉深信不疑。

(三)陈越孟:做投资是一种幸福①

有人的地方,就有江湖。有投资人的地方,更少不了各种新闻。

在投资圈,有人曾经给新三板上的几大PE(私募股权投资)巨头都封了雅号:家大业大中科招商,如日中天九鼎投资,黑马起步同创伟业,独霸一方硅谷天堂。而在2015年11月5日之后,因为浙商创投的上市,格局被改变了。浙

---

① 杜悦.陈越孟.做投资是一种幸福[N].杭州日报,2015-11-24(10).

商创投成功跻身百亿俱乐部与几大巨头并列,并且得了个让人十分羡慕的雅号"收益之王"。

说起现在的江湖名声,平时再低调、内敛的陈越孟,也禁不住流露出得意之色:"毫无疑问,我们现在已经位列国内人民币基金的第一梯队,也是浙江最能赚钱的创投机构之一。"

身为浙商创投的创始人与掌舵人,陈越孟有充分的理由来享受他这份成功。浙商创投已经成为浙江管理资金规模大、投资项目多、投资业绩佳、实力强的资产管理平台之一。而在2015年11月5日上市之后,浙商创投首日市值就超过百亿元,陈越孟个人财富也以数十亿元计。

与年轻的浙商创投一样,在投资圈里,陈越孟也是作为一枚少壮派而存在,就连系在腰间的皮带,也不是老一辈最喜欢的"H",而是代表时尚与活力的"Z"。与现在活跃于投资圈的"50后"投资前辈和"70后"投资新人相比,生于1969年的陈越孟正处于一个承上启下的中间年纪,也正好扮演了投资圈里的中坚角色。

浓墨重彩的一年

若干年后,回忆起自己的人生经历,2015年是陈越孟事业征程中浓墨重彩的一年。

成立于2007年11月16日的浙商创投,截至2015年6月30日,已经累计投资项目86个,完全退出项目14个,完全退出项目占累计投资项目之比处于行业领先地位,2012年、2013年、2014年连续3年成为浙江省创投行业纳税第一大户。

在陈越孟的时间表中,2015年是公司关键性的一年,浙商创投要上3个台阶。第一个台阶在2015年3月实现,浙商创投进行反向混合所有制改革,引入了浙江省国有资本运营有限公司、浙江省二轻集团有限责任公司两家国有战略投资者,成为国内首例成功实现反向混改的民营创投机构。

作为民营创投企业,浙商创投成功引入国有控股股东,有利于优化股权和管理、提高国际竞争力,还可以争取分到国企改革的一杯羹。

混改后的浙商创投,坚持民营控股及市场化运作,直奔第二个台阶——上市。2015年11月5日,浙商创投正式登陆新三板,成为继九鼎投资、中科招商、同创伟业与硅谷天堂等 PE 后创投界的最大黑马。首日市值就超过百亿元,浙商创投成功跻身百亿俱乐部。

陈越孟说,上市代表浙商创投真正走出浙江,成为全国性品牌,这对于公司持续经营和基金的募投管退都有正面作用。之前,浙商创投的地域性标签相对较为明显,而在上市后通过定增引进战略投资者,浙商创投的规模进一步扩大,实力进一步增强,全国性的特点进一步凸显,体量和能量与之前相比已不可同日而语。

在浙商创投获得市场认可的同时,陈越孟个人也获得了社会认可。

2015 年 10 月 19 日,陈越孟和全国十几家投资公司的董事长一起,在中关村被李克强总理接见并进行沟通交流。和他获得同样殊荣的都是国内顶尖的风险投资家:IDG 的熊晓鸽、红杉资本的沈南鹏、软银的阎焱等。而他,是唯一一位民营创投机构代表。

"创投进入中国 20 年,创投机构也就这 10 来年的发展,从来没有达到过这个高度,"陈越孟感慨,"说明创投这个领域,在国家经济转型升级过程中将发挥更大、更重要的作用,说明这个行业大有可为。黄金 10 年、黄金 20 年完全可以期待。"

弃文从商的浙商二代

20 多年前,还在杭州大学(1998 年并入浙江大学)中文系就读的陈越孟,职业理想是当一名记者或者作家。他喜欢文学,热爱写诗,和同学一起合著的诗集至今还能在孔夫子旧书网上买到。再配上弹吉他、唱歌的兴趣爱好,这样的形象实在不能与现在理性、谨慎的投资能人画上等号。

第一个改变从大学毕业开始。班里仅有的两个留杭名额是去省级机关,在家人的殷殷期许下,大学学业出色的陈越孟争取到了去省政协工作的机会。

陈越孟是浙商二代,3 岁那年,父母就在慈溪创办了惠康电器。等他长大成年,家族企业已经发展壮大,两个哥哥都已在其中帮忙。"在那个年代,父母都觉得,小儿子能够在外面自己走出一条路,而且是在省级机关工作,是非常有面子的一件事。"陈越孟说。

当时陈越孟做的是文秘,主要工作是写报告,还有跟各色人等打交道。"这是一个人综合能力的表现,对自己的为人处世能力有很大锻炼。现在做创投也是这样，与各路人打交道，寥寥几句就能判断出对方的品性和才能，基础就是从那时打下的。"

尽管这是份让家人颇为满意的工作，但几年下来，陈越孟越来越觉得，这份工作不能体现自己的想法和才能，上升通道也不是他想要的。他要离开。

"当时家里企业并不缺人，父母自然反对。他们开家庭会议，想劝我，但我去意已定，他们也只能同意了。"

下海的陈越孟，在家族企业里负责全国销售，同时兼任房地产业务主管。回过头看那一段经历，陈越孟说对浙商的精神和品行感受得特别深刻。"惠康的产品主要是小家电和中央空调、特种空调，我去的时候已经是慈溪当地数一数二的企业了，到今年是 44 年了，留下来的诚信基因是非常强大的。企业做得长，肯定当家人的品德特别过硬。我父母那一辈，从不欠人家一分钱，银行贷款都没有。他们是实打实地做企业，树品牌。"这番感悟反映在自己的公司里，就是要把项目做好，把基金做好。陈越孟说，品牌比什么都重要。浙商创投刚成立时，他自己就投了 1 亿元做基金，成为省内唯一一个既是 LP（有限合伙人）又是 GP（普通合伙人）的创始人。"这样别人把钱交给你，还有不放心的吗？"

集体英雄主义的投资公司

在家族企业做了几年，陈越孟又一次觉得自己性格与职业的相悖。"我不喜欢喝酒，不喜欢应酬，天生不适合干销售。"

在这样的矛盾中，2006 年，为了让家族企业更好地适应新经济市场，他领导了惠康集团的改制上市之路，正是这次改制过程，让陈越孟接触资本市场、投资、创投等新鲜的事物。他非常感兴趣并且深觉大有可为。

陈越孟再度准备辞职，又一次遭到了家庭的反对，但是开明的家人最后依然选择了支持。

2007 年，陈越孟跟同为浙商二代的徐汉杰、华晔宇等合作，成立浙商创投。第一个投资项目华数传媒，就让人刮目相看。

"投得准，其实是因为我们熟悉这个行业，"陈越孟自己解密，"三个创始人都是学文出生，所以对文创产业投资特别有感觉。当时我们看准华数代表数字电视的发展方向，而且它要牌照有牌照，要内容有内容，行业的垄断性非常强，市场前景广阔。"

另外一个令人称道的投资案例是华策影视,投资回报率接近 30 倍。浙商创投、出资人、员工、社会和投资项目都有相当丰厚的回报,用陈越孟的话来说,就是五方共赢。

五方共赢是有数据佐证的。就这次浙商创投上市来说,无论对基金、项目、合伙人,还是对浙商创投圈,都有正向的利益作用,对员工也不例外。陈越孟说,公司为有效激励员工,实施全员激励,全部激励若按当前市值测算,预计可达 8 亿元。创投行业是资本密集型和人才密集型企业,靠优秀的投资经理,才能获得持续稳定的发展。

与其他投资公司创始人相比,陈越孟是一个喜欢把员工推到前台的人。在很多创新创业大赛、投资大咖论坛上往往见不到他。他说,老板不是万能的,也不是全才,让更多的投资经理露面,更有利于他们的成长和公司的壮大。在这个崇尚个人英雄主义的年代,陈越孟推崇的却是集体英雄主义。他不无骄傲地说,浙商创投在 2007—2015 年,创始团队和核心成员没有一个离开。这是对他做法的认可,也是对他能力和魅力的肯定。

再培育几个细分领域的"独角兽"

对不少人来说,上市已经是终点。但对陈越孟而言,上市只是 2015 年三个台阶的第二步。

他说,下一步,浙商创投会持续深度参与上市公司重大资产重组,打造创投的整个产业链和生态闭环。

另外,浙商创投中心 2015 年开建,位于蚂蚁金服对面。"除了管理机构,将欢迎更多的新经济公司、互联网公司入驻。有点像浙商创投自己的众创空间,通过免费提供办公空间换取创业团队的一部分股权,资本平台再配套投资一部分资金,再帮助对接资源和资本市场,提供服务。"

而所有这些努力的终极目的,陈越孟说,是再捕捉到几个对中国经济有影响力的项目,能够通过资本的力量将其培育成长、发展壮大。

华数传媒和华策影视的业绩,陈越孟已经不愿多谈,他说那都属于过去。他曾经发起过国内第一个文创产业基金、第一个 O2O 创新消费基金,都是未来他培育细分领域"独角兽"的主阵地。

主打互联网旅游的"度周末"等是细分领域独具特色的项目。"2015 年股市大跌之前上市的'普路通',主营供应链管理,有可能成为人民币基金里单个项目绝对回报最高的项目之一,目前类似项目行业内屈指可数。"谈到投资项目,陈越孟语速加快,语调提高。

"我们投的另外一个经典案例是社区养老O2O项目幸福9号,预计几年内市值有望达到500亿元。"他的声音有些激昂,这个保健品店,在资本的帮助下已经升级为"互联网+"养老项目,目前在全国布局了4000家门店。该项目白天解决老年人社交需求,提供洗脚、按摩、老年大学、书法、绘画、老年保健讲座等服务,以这个为入口,搭建老年线上电商平台。"除了对接资本,还帮幸福9号门店对接资源,帮助他们引入可以手动摇起的喜临门老年床垫,坐在轮椅上可以操作的欧林橱柜,还有蒙牛定制的幸福9号老年补钙奶等。"

如幸福9号一样,陈越孟认为,做投资也是幸福的。自己热爱此行业,不仅可以分享所投企业的成功,给LP们创造收益,为社会创造价值,也能给员工好的回报,而且可以充分体现自身价值。创投是他一生的事业,他可以一直做到80岁,不言退休。

第四章
科技信贷市场

一、科技信贷市场概述

科技信贷市场是为科技型中小企业提供间接融资服务的科技银行、科技金融事业部、科技支行、科技小贷公司等金融机构集合体。它是"轻资产、重创意、高风险"科技型中小企业的主要间接融资场所,能为科技型中小企业提供科技信贷服务并以此提高我国自主创新能力,是科技金融服务体系的重要组成部分。

(一)我国科技信贷市场发展历程[①]

从1980年至今,我国科技信贷市场在科技开发贷款规模和风险控制方面已取得令人瞩目的成绩。综合考虑一些典型事件、科技开发贷款规模等因素,我国科技信贷市场发展历程可分为5个阶段:萌芽阶段、初步发展阶段、高速发展阶段、调整发展阶段和再发展阶段。

1. 萌芽阶段

我国科技信贷市场的萌芽阶段是指1980年至1984年。1980年7月,浙江省财政厅与浙江省科委联合颁布了《浙江省有偿科研经费管理办法》,规定省科委须通过中国人民建设银行浙江省分行向科研单位发放有偿科研经费。这在一定程度上发挥了银行贷款的约束机制,开创了我国科技信贷的浙江模式。

---

① 朱鸿鸣,赵昌文,付剑峰.中国科技贷款三十年:演进规律与政策建议[J].中国科技论坛,2012(7):20-26,31.

1983 年 3 月,中国人民银行湘潭市支行与湖南省湘潭市科委联合颁布了《关于银行贷款支持科技发展的试行办法》,规定银行须对科技成果的推广和新产品的开发予以贷款支持。1983 年,湖北省襄樊市(2010 年更名为襄阳市)也开展了科技信贷试点工作并颁布了《襄樊市科技贷款试行办法》,规定从中短期设备贷款中单列部分额度作为科技贷款。1984 年,青海、西安、大连等省市也对我国科技信贷做了有益探索。

2. 初步发展阶段

我国科技信贷市场的初步发展阶段是指 1985 年至 1989 年。1985 年 10月,中央文件《关于积极开展科技信贷的联合通知》规定:"各专业银行和其他金融机构,要在其核定的信贷计划总量范围内,调剂一部分贷款,积极支持科技事业的发展。"在此背景下,中国工商银行和中国农业银行率先开办科技信贷业务。截至 1989 年,这两大行累计发放了 14 亿元科技开发贷款。这些科技开发贷款主要用来支持科技成果的转化和产业化发展以及火炬计划、星火计划等科技开发项目的实施和经营。这些举措取得了显著的经济效应和社会效应。尤其是中国工商银行,1984 年 8 月,该行颁布了《中国工商银行关于科研开发和新产品试制开发贷款的暂行规定》,拉开了在全国范围内开展科技信贷的序幕;又于 1986 年 5 月和 11 月分别发布了《关于科技开发贷款的若干规定》和《关于科技开发贷款几个问题的通知》,加强了在全国范围内开展科技开发贷款的力度。随后,中国建设银行、中国银行、交通银行等也相继开展了科技开发贷款业务,科技信用社、科技风险投资机构、科技信托投资公司等也成为我国科技开发贷款的重要主体。

3. 高速发展阶段

我国科技信贷市场的高速发展阶段是指 1990 年至 1997 年。1990 年,中国人民银行在国家信贷综合计划中增设了科技开发贷款项目。该项目主要用于支持国家级科技开发计划和地方各级科技开发计划的成果转化和产业化发展。1990 年,中国人民银行就安排了 26 亿元科技开发贷款规模,到 1996 年则高达93 亿元。这为我国科技信贷市场的高速发展打下坚实的基础。由于中国人民银行对科技开发贷款的高度重视,截至 1995 年年底,中国工商银行、中国农业银行、中国银行、中国建设银行和交通银行五大国有商业银行累计发放了 650亿元科技开发贷款,累计支持了 65000 多个科技开发项目,联想、海尔、华为、远大、同方等成功企业都是靠科技开发贷款完成技术资本化、产业规模化的。其中,中国工商银行 1996 年发放科技开发贷款 85 亿元,较 1990 年增长 2.10 倍,较 1985 年增长 13.83 倍。截至 1997 年年底,中国工商银行累计提供科技开发贷款 586 亿元,市场占比达 74%;科技开发贷款余额 262 亿元,市场占比达70%。为了更好地适应经济发展需要,1994 年我国组建了国家开发银行、中国农业发展银行、中国进出口银行三家政策性银行。自 1996 年之后,我国政策性银行尤其是国家开发银行的科技开发贷款规模不断扩大。其中,国家开发银行的科技开发贷款主要有科技中小企业贷款、产学研贷款、重大科技项目贷款、高科技创业贷款、科技园区贷款、创业投资(引导)基金贷款等;中国农业发展银行主要开展农业科技信贷以促进农业科技成果的转化和产业化发展;中国进出口银行主要为高新科技企业提供出口科技开发贷款,重点支持附加值高、技术含量高、出口创汇能力强、经济效益好的高新技术产品出口,主要包括船舶、设备出口卖方信贷支持范围内的高新技术产品出口信贷和高新技术产品出口卖方信贷。

4.调整发展阶段

我国科技信贷市场的调整发展阶段是指 1998 年至 2005 年。随着银行业进入"国有商业银行改革、防范和化解金融风险阶段",我国科技信贷也进行了一系列调整,具体有科技开发贷款机制的调整、科技开发贷款供给主体的调整、科技开发贷款关注点的调整等。例如,在科技开发贷款机制的调整方面,银行的风险约束机制不断完善,开始成为"真正的银行",而科技管理部门对科技开发贷款决策的影响力大幅度削弱;又如,在科技贷款供给主体的调整方面,政策性银行对科技开发贷款的支持力度有所增强,而商业银行对科技开发贷款的支持力度有所减弱;再如,在科技开发贷款关注点的调整方面,关注点已从国有科技企业或科研院所逐渐调整为科技型中小企业。这里,值得一提的是,作为政策性银行,国家开发银行曾与科技部签订了两轮《开发性金融合作协议》。而且,从 2005 年开始,政策性银行要向高新技术产业开发区(园区)内科技型中小企业推出"统借统还"贷款模式。此模式先由科技管理部门和高新区管理委员会建立融资平台公司并以集体信用向国家开发银行、中国农业发展银行、中国进出口银行三家政策性银行统一申请科技开发贷款;再由融资平台公司向符合贷款条件的科技型中小企业分配科技开发贷款并负责其申请受理、贷款评议、贷后管理和贷款本息催收等工作。

5.再发展阶段

我国科技信贷市场的再发展阶段是指 2006 年至今。随着《国家中长期科学和技术发展规划纲要(2006—2020 年)》及其配套政策(2005、2006)和《关于银行建立小企业金融服务专营机构的指导意见》(2008)的发布,我国科技信贷也获得了再发展。2006 年,国家开发银行又与科技部签订了《开发性金融合作协议》,而且,"十二五"期间,此银行在原来"三台一会"贷款模式的基础上推出"四台一会"贷款模式。其中,所谓"四台一会",是指统贷平台、担保平台、管理平台、公示平台和信用协会。从 2008 年开始,各类银行纷纷设立专门为科技型中小企业提供专业化服务的金融机构,具体形式主要有:总行或分行的内设机构,如民生银行 2008 年年初成立的"工商企业金融事业部"、招商银行在苏州成立的"小企业信贷中心"等;由分行设立的科技支行,如 2009 年中国建设银行四川分行在成都设立的第一家科技支行;具有法人资格的科技银行,如 2012 年由浦发银行和美国硅谷银行合资设立的"浦发硅谷银行"。这些内设机构、科技支行、专业银行等为了满足特定市场需求也在不断推出新的科技信贷模式。例如,招商银行推出的全流程一站式"EAGLE"模式是以创新型成长企业为核心目标客户群,通过建立全方位配套金融服务体系、提供独创的融资产品和方案,采用名单制营销(list-based marketing)方法,从横向和纵向两个方面扩展银行对科技型中小企业的服务内涵并以此提供覆盖其全生命周期的全面金融解决方案;又如,中国银行推出的"中关村科技创新型中小企业金融服务模式"和"张江模式"涵盖了商业银行、投资银行、保险、租赁等一揽子金融服务。2010 年,江苏省发布《关于开展科技小额贷款公司试点的意见》,率先设立"科技小额贷款公司",即"科技小贷公司",并进一步发展为"江苏模式"。在此模式中,科技小贷公司是面向高新技术产业开发区(园区)内企业,不吸收公众存款,但又经营小额贷款和创业投资业务的有限责任公司或股份有限公司。它们一般设立在高新技术企业聚集地区,目标客户是科技型中小企业,采用"利息＋期权"乃至

"利息＋股权＋期权"的盈利模式。其创新之处主要有：能以不高于资本净额的30％从事创业投资业务；杠杆率要求由1∶1.5升至1∶2；不设置单笔贷款额的绝对额限制；资本充足率要求由66.67％降至50％；放宽最低贷款额的限制。此外，针对科技型初创企业和科技型成长企业的有形抵押物缺乏、知识产权较多、业务成长快、政府支持力度大等特点，各类银行先后推出"投贷联动贷款""知识产权质押贷款""股权质押贷款""应收账款贷款""供应链金融""小额贷款保证保险""小企业集合票据"等新型科技信贷产品，如南京银行的"鑫智力"、江苏银行的"科技型企业信用履约保证保险贷款"、交通银行的"科技集合贷"、云南农村信用合作联社的"巾帼科技示范户信用贷款"等。其中，2006年，我国首例知识产权质押融资业务由交通银行北京分行成功实践；2007年，上海建立浦东知识产权融资服务中心并开展知识产权质押融资试点；此后数年，知识产权质押融资试点地区逐步扩大；2015年，我国专利权、商标权、版权质押融资总额为931.7亿元，新增专利权质押金额560亿元，占当年新增贷款规模的0.5％；2016年，我国专利权、商标权质押融资金额总共为1085亿元。

(二)美国科技信贷市场发展实践①

美国有发达的风险投资市场和健全的科技资本市场，也有发达的科技信贷市场。鉴于硅谷银行(Silicon Valley Bank，SVB)是全球第一科技银行，其发展过程也是美国科技信贷市场发展史中的一个缩影，下面阐述此银行的情况以期"窥一斑而知全豹"。

就像从车库里开始的"苹果"传奇一样，硅谷银行的故事开始于朋友之间的一场扑克牌游戏。1982年，比尔·比格斯塔夫(Bill Biggerstaff)、罗杰·史密斯(Roger Smith)等四位加利福尼亚州商人在一场扑克牌游戏中提出，需要成立一家专门为科技型中小企业提供融资服务的科技银行。1983年，Bill Biggerstaff和Roger Smith在加利福尼亚州圣何塞建立第一家硅谷银行办事处，当时注册资本仅为500万美元。建立之初，Smith就制定了一个"三足鼎立"(three-legged stool)战略，即科技、房地产和传统商业贷款三方兼顾。但是，此

---

① 徐井宏，张红敏. 共赢：国内外科技金融案例研究[M]. 北京：清华大学出版社，2017.

战略效果不好：至 1986 年，硅谷银行还只能为科技型中小企业提供较低额度的贷款，其贷款规模还相当小；在 1988 年纳斯达克上市之前，硅谷银行一直面临严重的流动性过剩，其存贷比只有 50%，而同期传统商业银行的存贷比则有 80%，这直接导致硅谷银行上市情形较为惨淡，募集资金只有 600 万美元；到 20 世纪 80 年代末期，硅谷银行有 45%的资金投入了加利福尼亚州的房地产市场，但随着 1990 年加利福尼亚州房地产市场暴跌，硅谷银行房地产业务严重受损；1992 年，硅谷银行遭遇第一次亏损并面临监管审查和重组。

面对 1992 年所遭受的巨大损失，硅谷银行不得不做出重大调整。1993 年，乔恩·迪恩（Jonn Dean）取代 Roger Smith 出任硅谷银行第二任 CEO，继而发起一场重大战略调整：大幅缩减房地产和传统商业贷款业务，将业务聚焦在风险投资机构支持的科技和生命科学领域的科技型中小企业上，实施创新性经营战略——为创新和冒险提供金融服务。尽管当时在硅谷开设的银行有 350 多家，其中不乏著名的美国银行、巴黎国民银行、渣打银行等分支机构，但这些大银行多以大公司为服务对象，无暇顾及中小公司。硅谷银行的高层管理者却做出一个事后被证明英明无比的决策——绕开大银行分支机构，将目标客户确定为那些初创的、被其他银行认为风险太大的、发展速度较快的科技型中小企业。自此之后，不计其数贷款无方的科技型中小企业为硅谷银行的长足发展提供了巨大空间，成了此银行得以扬名立业最坚实的根基。

1996 年，硅谷银行打造并推出"快速启动组合"（quick start package）的科技信贷产品。此产品的特色在于：任何企业，只要获得 25 家顶级风险投资机构中任何一家的资金投入，就能从硅谷银行申请到 45 万美元为期 18 个月的贷款，具体利率要根据客户风险而定，一般比传统贷款利率高 2%～5%，并附带一些认股权证。这种"一刀切金融"（one-size-fits-all financing）简单、快捷且有效，硅谷银行初战告捷，但也引起了众多传统商业银行的争相效仿。面对产品被模仿和竞争加剧的局面，后来硅谷银行首席银行官威尔科克斯（Wilcox）废除此产品，开始打造并推出全新的科技信贷产品。至 1998 年，硅谷银行约有 50 个科技信贷产品，而且，这些产品已融入股权投资，硅谷银行"投贷联动"的经营模式也由此走向成熟。所谓"投贷联动"，是将股权投资与风险贷款相结合，采取"股权投资＋债权投资"的经营模式，灵活运用先投后贷、先贷后投、投贷一体等多种方式,满足不同科技型中小企业不同阶段的金融需求。就硅谷银行而言,其投贷联动包括"硅谷银行贷款附加股权的投贷联动""硅谷银行与硅银创投的投贷联动""硅谷银行与外部风投机构的投贷联动"等。自此之后,硅谷银行投贷联动的经营模式得到了美国金融市场充分的检验,成为其拓展业务的一把利剑。1996—2000年,仅仅5年之内,硅谷银行就在美国范围内开设了18个分行,占硅谷银行在美国办事处总数的2/3。尤其值得一提的是,硅谷银行也积极进入我国市场。2012年8月15日,我国第一家专注于服务科技型中小企业的合资银行——浦发硅谷银行在上海成立。此银行由上海浦东发展银行和美国硅谷银行各出资5亿元,各占50%的股份。这是自2007年以来我国第一家拥有独立法人地位的科技银行,也是我国第一家获得批准的合资银行。

目前,硅谷银行已发展为硅谷银行金融集团(SVB Financial Group),拥有"硅谷银行"(SVB)、"硅银资本"(SVB captial)、"硅银分析"(SVB analytics)、"硅银私人客户服务"(SVB private client services)等业务板块。其内部分工大致为:硅谷银行主要负责为科技型中小企业提供金融服务以获取利差收入;硅银资本主要负责为股权和债权基金提供直接投资服务;硅银分析主要负责向集团提供股权价值评估和股权管理服务;硅银私人客户服务主要负责为创业者、投资人和高级管理人员提供私人银行服务。其中,硅谷银行是集团核心,其他几个业务板块的工作都是围绕硅谷银行展开的。如今,硅谷银行是全球第一科技银行。这些事实足以佐证:自1993年以来,硅谷银行的平均资产回报率是17.5%,而同时期传统银行的平均资产回报率约为12.5%;2014年,美国由风险投资机构支持并成功上市的创新型企业中64%都是硅谷银行的客户;硅谷银行每年的坏账损失率不到1%;硅谷银行被福布斯评为"2015年度美国最佳银行"和"2014年度美国最佳管理公司";硅谷银行曾"孵养"出Twitter(推特)、Cisco(思科)、Facebook(脸书)等一批国际著名企业。

综上可知,硅谷银行是美国科技信贷市场发展实践的典范,其成功之处主要表现为将目标客户确定为科技型中小企业并将经营模式确立为投贷联动。

二、浙江省科技信贷市场发展实践

如前所述,从2008年开始,各类银行纷纷设立专门为科技型中小企业提供专业化服务的金融机构,如总行或分行的内设机构、由分行设立的科技支行、具有法人资格的科技银行等;2010年,江苏省率先设立科技小贷公司并进一步发展为"江苏模式"。这些金融机构可统称为"中国式科技银行"。总体而言,浙江省既无像浦发硅谷银行那样具有法人资格的科技银行,也无像"江苏模式"那样采用"利息＋期权"乃至"利息＋股权＋期权"盈利模式的科技小贷公司典范,但有国家政策性银行、国有控股商业银行、全国性股份制商业银行、城市商业银行等设立的科技支行、科技金融处或科技企业信贷部,其科技信贷市场规模也越来越大。鉴于科技银行是科技信贷市场的重要主体,加之杭州银行前期的科技支行和后期的科技文创金融事业部在浙江省甚至全国科技信贷市场一直发挥着"领头羊"作用,下面阐述此银行的情况以期"窥一斑而知全豹"。

1996年9月,杭州银行成立,总部设在杭州。自成立以来,杭州银行始终秉承"诚信、创新、效率、尊重、责任"的价值观,始终以"中国价值领先银行"为愿景,始终坚持服务区域经济、中小企业和城乡居民的市场定位。2016年10月27日,杭州银行首次公开发行A股,在上海证券交易所成功上市,其股票代码为600926。截至2021年年末,杭州银行总资产13905.65亿元,同比增长18.93%;营业收入293.61亿元,同比增长18.36%;归属于上市公司股东净利润92.61亿元,同比增长29.77%。根据英国《银行家》杂志2022年公布的全球银行1000强排名,杭州银行按一级资本排名位列第130位。近年来,杭州银行凭借在金融服务方面的良好表现,先后斩获"最佳城市商业银行""最具竞争力中小银行""最佳普惠金融成效奖""浙江省融资畅通工程'突出贡献奖'""最佳科技金融服务城商行""全国支持中小企业发展十佳商业银行""卓越竞争力价值成长银行"等荣誉。

2009年,杭州银行率先设立了浙江省第一家、全国第三家科技金融专营机构——杭州银行科技支行。此科技支行一直坚持专业专注的理念并在此基础上确定了"三不搞、一专注"的基本准则——"不搞政府融资平台、不做房地产业务、不经营传统行业贷款,专注服务于科技型中小企业",重点向创业投资企业、高新技术企业、大学生创业企业等提供融资服务,客户涉及新能源、文化创意、电子信息、医药、节能环保、传统行业技术改造六大行业近20个子行业。针对科技型中小企业"轻资产、重创意、高风险"的特点,杭州银行总行对其科技支行的市场定位、业务发展、风险准入标准、风险政策、业务创新、业务授权等做出了总体计划和管理,并制定了五项"单独"政策——单独的客户准入机制、单独的风险容忍政策、单独的拨备政策、单独的信贷审批机制和单独的业务协同政策。具体而言,科技支行实施联合信贷评审制度,引入单独的信贷打分表,成立由信贷专家、技术专家、投资专家、政策专家等构成的专家咨询委员会,重视"先进技术、商业模式、先进人才和前瞻性市场";科技支行有总行派出的独立审批人员,由他们对科技信贷项目进行专职审批,并采取"风险管理前移"政策,以达到"在一个机构内完成系列风险政策决策";不良贷款风险容忍度可高达 3% 且对创新型科技金融客户和业务实行相关人员尽职免责政策;将科技型中小企业的期权股权收益、财政的风险补偿补助资金等统一纳入"科技型中小企业专项拨备"项下,制定并实施单独的拨备政策;总行制定并实施专门的业务协同政策,鼓励并配合其他支行和营销人员积极捕捉市场信息,扩大服务铺盖面,协同联动以做大做强科技支行。在具体的科技信贷实践中,科技支行逐步推出了知识产权质押贷款、银保联动贷款、投贷联动贷款、基金宝(政策性拨款预担保贷款)、风险池贷款等科技信贷产品。其中,银保联动贷款是一种基于科技支行与担保公司互动的授信贷款,即科技支行向科技型中小企业提供科技信贷,担保公司取得科技型中小企业的认股权(期权),科技支行则与担保公司约定期权收益中各自的分配比例;投贷联动贷款是一种基于科技支行与风险投资公司或私募股权机构互动的授信贷款,即科技支行向科技型中小企业提供贷款,风险投资公司或私募股权机构提供担保,投贷联动,进而实现科技支行、科技型中小企业和风险投资公司或私募股权机构的三方共赢;风险池贷款是一种基于科技支行与政府部门、国有担保公司等合作的授信贷款,即杭州市各区(县)科技局、杭州市高科技担保有限公司和科技支行按一定比例以出资或匹配风险的方式共同组建风险池基金,由科技支行在风险池基金的额度基础上放大 5~10 倍,由杭州市高科技担保公司提供担保,为区域内的科技型中小企业提供金融服务。

2016 年,杭州银行成立了全国首家科技文创金融事业部,为一级分行建制。除杭州总部外,此事业部在北京、深圳、台州设有区域分部。此事业部下辖科技支行、文创支行、西溪支行、海创园支行、北京中关村支行、深圳深圳湾支行、台州科技支行。此事业部是一支年轻、有朝气、有活力且高素质的团队,在科技文创金融领域的探索与实践中,始终秉持"专业、专注、专营、创新"的理念,在"大众创业、万众创新"的浪潮下,率先采用"投贷联动"方式以投定贷,为科技文创型创业创新企业提供"股债结合、投融一体"的综合金融服务,切实解决科技型中小企业融资难问题。在当前国家大力支持科技文创产业发展的背景下,凭借良好的架构和机制,此事业部始终以"打造中国的硅谷银行"为愿景,以"服务成长型科技与文创企业"为使命,以"科技银行、文创银行、人才银行、创投银行"为定位,以"顺应产业规律、回归信贷本源、创新投贷联动、共享成长价值"为发展路径,以"乐观、敏锐、专业、共享"为企业文化,布局全国创新经济活动区域,以杭州为中心总部,辐射北京、深圳、台州三大分部,致力于构建与完善科技文创金融专营化服务体系,从而成为浙江乃至全国金融业的标杆。在具体的科技信贷实践中,此事业部陆续推出了资本市场顾问服务、咨询顾问服务、风险池贷款、科易贷、科保贷、成长贷、选择权贷款、银投联贷、新三板起飞贷等科技信贷产品。其中,资本市场顾问服务是指在征得科技型中小企业同意的前提下,科技文创金融事业部可为其推荐合作投资机构、券商、其他意向公司、地方股权交易中心等第三方机构,促使他们建立实质性合作,包括但不限于接受股权投资、并购及被并购、改制、上市、新三板挂牌、定向增发等与多层次资本市场相关的业务;科易贷是指科技文创金融事业部专为高端人才创业企业提供的授信贷款,此贷款以人定贷,聚焦于人才创业;科保贷是指科技文创金融事业部与政府相关部门、融资担保公司、保险公司合作,针对初创及成长型企业提供的担保贷款,此贷款以保定贷,聚焦于政策性担保;成长贷是指科技文创金融事业部针对医疗领域、高端装备、信息智能、内容娱乐、旅游休闲、教育培训、新消费等行业内高成长中小企业提供的授信贷款,此贷款以销定贷,聚焦于行业成长;选择权贷款是一种基于选择权的授信贷款,此选择权是指科技文创金融事业部指定的、符合约定要求的第三方行权方享有按约定条款获得客户股权或股权收益权以及按约定条款以市场公允价值转让、分享客户成长收益的权利;银投联贷是指科技文创金融事业部以信用、股权质押、机构保证等担保方式,对已获得创投机构投资的科技型中小企业进行授信贷款,可分为投前贷后模式和贷前投后模式;新三板起飞贷是指科技文创金融事业部专为新三板科技型中小企业提供的授信贷款,包括股权质押贷款、银投联贷、股东高管融资服务和资本市场服务方案。

三、结论与建议

（一）结论

（1）硅谷银行是美国科技信贷市场发展实践的典范，其成功之处主要表现为将目标客户确定为科技型中小企业并将经营模式确立为投贷联动。

（2）浙江省既无像浦发硅谷银行那样具有法人资格的科技银行，也无像"江苏模式"那样采用"利息＋期权"乃至"利息＋股权＋期权"盈利模式的科技小贷公司典范，但有国家政策性银行、国有控股商业银行、全国性股份制商业银行、城市商业银行等设立的科技金融处、科技支行或科技企业信贷部，其科技信贷市场规模也越来越大。

（3）杭州银行前期的科技支行和后期的科技文创金融事业部在浙江省甚至全国科技信贷市场一直发挥着"领头羊"作用。

（二）建议

1. 应创建像浦发硅谷银行那样具有法人资格的科技银行

浦发硅谷银行2012年成立于上海，2017年开设北京分行，2018年又开设深圳分行，已初步完成对我国上海、北京、深圳三大创新中心区域的布局，但浙江省并未进入其视野。鉴于美国硅谷银行是全球第一科技银行，浙江省应创建像浦发硅谷银行那样具有法人资格的科技银行并学习其成功经验。结论亦表明，美国硅谷银行的成功之处主要表现为将目标客户确定为科技型中小企业并将经营模式确立为投贷联动。事实上，早在2016年4月，北京中关村国家自主创新示范区、武汉东湖国家自主创新示范区、上海张江国家自主创新示范区、天津滨海国家自主创新示范区和西安国家自主创新示范区就已被纳入第一批投贷联动试点地区；国家开发银行、中国银行、恒丰银行、北京银行、天津银行、上海银行、汉口银行、西安银行、上海华瑞银行和浦发硅谷银行就已被纳入第一批投贷联动试点银行业金融机构。因此，浙江省应争取成为第二、三批投贷联动试点地区并鼓励有条件的商业银行积极探索属于自己的投贷联动模式，也可积极探索"投贷保联动"模式,全力打造为科技型中小企业提供全方位、多层次和多渠道金融服务的科技信贷市场。

2. 应推广像杭州银行科技文创金融事业部那样采用一级分行建制的科技金融事业部

目前,我国科技银行仍以不具有法人资格的科技支行为主,独立性相当有限,难以为科技型中小企业提供全方位、多层次和多渠道的金融服务。一方面,浙江省应创建像浦发硅谷银行那样具有法人资格的科技银行;另一方面,浙江省应推广像杭州银行科技文创金融事业部那样采用一级分行建制的科技金融事业部。结论亦表明,杭州银行前期的科技支行和后期的科技文创金融事业部在浙江省甚至全国科技信贷市场一直发挥着"领头羊"作用。而且,值得一提的是,截至 2022 年 9 月 2 日上海奥浦迈生物科技股份有限公司在上交所科创板鸣锣上市,科技文创金融事业部累计成功上市的企业客户数达 95 家。这亦说明像杭州银行科技文创金融事业部那样采用一级分行建制的科技金融事业部是卓有成效的组织机构。因此,浙江省银行业应大力推广科技金融事业部并力争成为我国科技信贷市场的"排头兵"。

3. 应发展像"江苏模式"那样采用"利息＋期权"乃至"利息＋股权＋期权"盈利模式的科技小贷公司

关于小额贷款公司,浙江省已出台一系列政策法规,如《浙江省小额贷款公司试点暂行管理办法》(2008、2018)、《促进小额贷款公司创新发展的意见》(2015)等。但是,关于科技小贷公司,浙江省尚未制定江苏省那样有针对性的《关于开展科技小额贷款公司试点的意见》(2010)。如前所述,浙江省政府应颁布一部涵盖科技金融各子体系或子市场的综合性政策法规。此综合性政策法规应包含专门针对浙江省科技信贷市场的重要篇章,而且要强调发展科技小贷公司的重要性与紧迫性。结论亦表明,目前浙江省尚无像"江苏模式"那样采用"利息＋期权"乃至"利息＋股权＋期权"盈利模式的科技小贷公司典范。因此,浙江省应积极学习"江苏模式"并在高新技术产业开发区、双创示范基地、大学科技园、众创空间、科创中心、特色小镇、科技城等科技型中小企业集聚区大力发展科技小贷公司。

四、本章附录

(一)我国科技银行的典范:浦发硅谷银行①

2012年8月15日下午,筹备已久的浦发硅谷银行合资公司终于在上海正式挂牌,这是中国第一家真正意义上的科技银行,也是多年来首家正式营业的中美合资商业银行。浦发硅谷银行的开业,或许将缓解创业公司只能依靠VC(风险投资)寻求成本很高的股权融资的方式的单一局面。浦发银行主席魏高思表示,这家合资银行在开业过程中经历了许多波折。魏高思承认,浦发硅谷银行并没有从监管层那边获得什么特殊政策。而国内对硅谷银行模式存在很大的误解。事实上作为一家商业银行,硅谷银行仍将以发放贷款为其主要的营收来源,而不是被国内神化了的"投贷联动"。至于硅谷银行在美国的成功经验能否复制到中国,为科技创业企业带来帮助,则有待时间检验。

合资银行开业背后

浦发硅谷合资银行诞生的过程一波三折。魏高思表示,在很多年前他就造访中国,那时已经被中国火热的科技创业范围所打动,并认定未来中国的科技创业一定是非常活跃的,这块科技金融市场存在巨大空间。此后的2005年,硅谷银行在上海的第一个代表处在淮海路开业,但由于中国的金融管制,只能从事少量离岸美元服务,服务那些注册在开曼群岛等地的VIE(可变利益实体)企业,这大大限制了硅谷银行的在华业务。2007年,魏高思偶然认识了时任上海杨浦区委书记的陈安杰,并把硅谷银行模式介绍给了上海的主要领导,包括时任市委书记俞正声、副市长屠光绍、金融办主任方星海。屠光绍透露,在这一过程中,俞正声多次对这一合资项目进行关照,并给予了许多支持,其间俞正声多次和硅谷银行的代表会面洽谈。屠光绍指出,上海有几百家大小银行,而注册资本金仅仅10亿元的浦发硅谷银行是其中很小的一家,之所以对其如此重视,就是因为硅谷银行的模式能够推动科技创新,这正是上海所需要的。之后,浦

---

① 曾航. 浦发硅谷银行正式挂牌[EB/OL]. (2012-08-20) [2021-06-06]. https://www.jo-top.com/info/internetnews/internetnews_show_3943.html.

发银行有意和硅谷银行展开合资合作,监管部门对这一项目进行了长期的审批。由于硅谷银行的许多模式都和我国的商业银行法存在出入,其审批过程也一波三折。在 2011 年 10 月 13 日,中国银监会正式批复了其合资的请求,该合资银行注册资本金 10 亿元,浦发银行和硅谷银行各出资 5 亿元,并各占 50％股份。此后,浦发银行和硅谷银行开始了长达大半年的筹划。这一段时间,浦发硅谷银行主要在招聘人员、培训人员和制定章程,并将开业细则报上海银监局批准。上海银监局于 2012 年 7 月 30 日正式批复了浦发硅谷银行开业的许可,并严格限定了其业务范围。对于这家新的银行,监管部门无疑还是非常谨慎的。

魏高思表示,合资银行在短期内将只能从事在岸美元业务。而硅谷银行上海代表处在合资银行成立后将继续存在下去,并继续从事离岸美元业务。魏高思表示他眼下最想要获得的便是开展人民币业务的许可,但这最多可能要等上 3 年。这是浦发硅谷银行当时开展业务最大的障碍,因为创业企业拿到美元贷款后,可能需要经过长达 3～6 个月的结汇期,这对于一些急需钱的企业来说影响很大。同时,浦发硅谷合资银行将不开展对私人的存贷款业务,只吸收企业存款。

科技企业债权融资破局

浦发硅谷银行的开业之所以备受关注,是因为当时国内中小科技企业的融资渠道过于单一。对于许多中小科技企业来说,他们不得不选择成本很高的股权融资,很少有企业能够依靠银行贷款来融资。股权融资被业内公认是成本很高的一种融资方式。假如一家快速成长的科技企业向某 VC 出让了 10％的股份获得 100 万美元的融资,虽然解了燃眉之急,但可能仅仅两年之后,这 10％股份的价值就翻了几十倍,其代价非常高昂。创业企业一轮一轮稀释自己的股权去融资,可能导致创始人失去对公司的控制权,最后被 VC 投资者绑架甚至赶出公司。相比之下,通过贷款的形式来进行债权融资则风险较高。这是因为企业需要在一段时间之后向银行归还这笔钱,但是这种方式的成本低很多。魏高思表示,创业企业应该以股权和债权融资相结合的方式来融资。

以网络游戏企业为例,它们非常需要以贷款的方式融资,因为一旦有一款网游产品成功,可能一年以后该公司一个月就有几百万元甚至上千万元的利润,很快就可以把这笔贷款还清。但在国内,轻资产的网游企业很难拿到贷款,只能低价出让股份去找 VC 融资。创业企业之所以很难通过贷款融资,是因为大多数商业银行没有能力开展这块业务。在大多数银行眼里,这是很难做也不被看好的一块业务。因为创业型科技企业的规模都不大,单笔放贷的贷款量有限,且风险又很大,通常还缺少担保抵押。此外,银行需要投入大量的人力资源来审核放贷,性价比较低。往往几十家科技企业的贷款业务,还不如一个房地产项目的放贷收益大。在我国,这种情况表现得尤其突出,一般商业银行要严格控制不良贷款比例,因此对贷款项目都有严格的审查机制,并在担保、抵押方面要求苛刻。缺少固定资产、短期内盈利较差的科技企业,很难通过银行的贷款审核。

此前,包括浦发银行在内的许多商业银行已经开始尝试推广硅谷银行的模式,即针对科技企业推出特殊的信贷产品,加强对他们的放贷管理。不过,这对银行本身的要求非常高,首先银行要对科技企业项目有真正的了解,这就需要招聘大量合适的人才,此外也要求银行对本身的风险管理体制做出改革。在美国,包括美国银行、花旗银行在内的许多大商业银行也曾尝试做过这块业务,但都不太成功。

被误读的硅谷银行模式

硅谷银行内部人士指出,国内对硅谷银行模式存在很大误解,尤其是许多人以为硅谷银行最大的特点就是投贷联动,这是不对的。硅谷银行作为一家商业银行,其最大的收益依旧来自银行贷款。投贷联动只是一种为了降低风险的附属操作模式,并不是硅谷银行的主要业务。即使在美国,投贷联动占硅谷银行经营总额的比重也不高。魏高思表示,这块业务这么难做,而硅谷银行在美国依旧能够保持很低的坏账率,这和其独特的运作机制有关。

因为硅谷银行承担的风险高,所以给科技企业放贷的利率也比一般商业银行高,因此其收益较高。需要指出的是,硅谷银行的核心竞争力在于其对科技项目的识别能力及风险控制能力。具体来说,硅谷银行会设立一些别的商业银行根本没有的部门,或者说是"花钱"的部门,来加强和 VC 及创业者的关系。硅谷银行的一线业务人员指出,其奥秘在于和 VC 保持长久的合作关系。通常来说,只有拿到 VC 融资的创业项目,硅谷银行才会放贷款给他们,这相当于以VC 来给这个项目做背书,大大降低了其放贷的风险。而对于 VC 来说,和硅谷银行合作,让创业者以股权、债权相结合的方式融资,也降低了其投资的风险。在有的国家,硅谷银行也会跟着 VC 一起投一点钱进创业公司去做个小股东,但绝对不会领投。

但《中华人民共和国商业银行法》第 43 条规定,商业银行在中华人民共和国境内不得向非银行金融机构和企业投资,这意味着,浦发硅谷银行在中国不能够直接投资科技企业。实际上,硅谷银行可以通过其他一些方式变通,一些浦发硅谷合资银行无法实现的功能可能通过原有的硅谷银行上海代表处来实现。此外,和 VC 的信息互通是降低风险的重要方式,在硅谷,大部分知名 VC 是硅谷银行的客户,因此很容易从 VC 那边了解到哪些企业的资质较好。这些和国内商业银行的操作模式有较大不同,硅谷银行通常不看重企业现有的资金流状况以及赢利情况,而是看重未来的成长性。

(二)浦发硅谷银行:一家 All in 科创圈的银行①

投中信息发布的《2020 上半年中国 VC/PE 市场数据报告》显示,2020 年上半年,资本寒冬背景下的风投、私募市场再受重创,总交易规模仅 631 亿美元,约为 2019 年的三分之一。

不过,经历了疫情与二级市场的洗礼,如今的资本又开启了一场新的轮回。相比投资机构,由于立足全球视野,浦发硅谷银行先行一步嗅到风声。

"市场上,钱的总量是逐年变多的,至于用在哪里,有随机性,也有规律性。"浦发硅谷银行行长、硅谷银行亚洲总裁陆珏认为,资本市场改革目前已经初见成效的是以注册制为代表的二级市场的改革和打通。"2020 年上半年开始,很多资金涌向了二级市场,以及准 IPO 阶段。长远看,二级市场的打通会反哺一级市场,优质创业项目会持续涌现,资金也会开始追逐早期项目。"

于是,2020 年下半年,在陆珏的带领下,浦发硅谷银行开始积极布局早期项目,试图在下一场竞争中获得更为前置的主动权。

---

① Auto 旅行家. 浦发硅谷银行:一家 All in 科创圈的银行[EB/OL]. (2021-04-30) [2022-08-06]. https://www. 360kuai. com/pc/998d287cda7084c7a? cota = 3&kuai_so = 1&tj_url = so_vip&sign = 360_57c3bbd1&refer_scene = so_1.

数据显示,2020年,为支持各发展阶段的创业企业,降低疫情对其业务发展的影响,浦发硅谷银行共发出近300张融资意向书,总金额近100亿元,远超2019年,创历史新高。

而在这背后,一场关于浦发硅谷银行的新故事也正在发生。

寻路中国市场

2012年,浦发硅谷银行由美国硅谷银行与上海浦东发展银行合资建立,成为中国首家专注服务于科创企业和投资人的科技银行。

广义上讲,科技银行一般指专门为高科技型企业提供金融服务的商业银行,在传统业务以外,主要面向科技中小企业的小额贷款公司以及债权融资平台。

不过,聚焦到不同的科技银行个体本身,相当重要的比拼在于,谁先打出差异化,谁才能在中国市场拥有更大的话语权。

传承的是硅谷银行的科创基因,扎根的是中国本地土壤,如何"在中国市场找到准确定位",浦发硅谷银行在成长的过程中不断摸索,谨慎思考,大胆实践。

一个被反复提到的关键词是"壁垒",如何才能具有区别于传统银行、投资机构、私募股权基金的能力?

到了2017年,除上海以外,浦发硅谷银行在北京开设了首家分行,随后又于2018年开设了深圳分行,初步完成了对中国三大创新中心区域的布局。

也是在2017年这一年,已经在银行业深耕近二十年的陆珏选择离开国际大行,来到一个陌生且充满挑战的新环境。"我从来没有在合资银行工作过,当时的浦发硅谷银行属于与大机构很不一样的成长型银行,于我而言,方方面面都是挑战。"

加入以后,陆珏首先选择把浦发硅谷银行放到更为宏观的经济背景中剖析,她指出,在中国市场,外资银行曾经历两个发展黄金期。

第一个阶段开始于中国加入WTO以后。当时,国家全面开放金融业,外资银行大举进入中国。第二个阶段开始于2008年,国际市场金融危机爆发,中国企业面临走出去的新选择,这一时期,借助于海外网络,外资银行为无数中国企业提供了资本支撑。

紧接着,着眼银行本身,陆珏认为银行跟其他行业一样,随着产业和技术的发展会不停地被颠覆。

如果从大的产业方向出发，她判断未来将只剩下两类银行：一类是大而全的银行，有足够大的平台和技术优势；另一类则是扎根于某个生态圈，有很高能力及壁垒的中小银行。

在美国市场，过去 30 多年，互联网、高科技与风投的相辅相成，成就了硅谷银行，延续外方母行的业务逻辑，陆珏带领团队最终明晰了浦发硅谷银行的定位。"我们要做中国创投圈内的连接者，桥接科创企业、投资机构及其他生态圈伙伴，打造创新生态系统。"

若以此为计，从战略规划到硬件匹配均已完善。至此，浦发硅谷银行的发展路径开始呈现出必然又合理的一面。

至 2021 年，浦发硅谷银行共服务了约 3000 家企业客户，其中约 40％的客户是 B 轮以前的早期公司，60％是从成长期一直到 IPO 的企业。

2017 年至 2021 年第一季度，浦发硅谷银行客户中共有 27 家客户在海内外上市，也见证并陪伴了一大批不同细分领域的"独角兽"的成长。

内化与创新：做全周期服务性银行

浦发硅谷银行并不是横空出世，它更应该被理解为是对此前科技银行的一次迭代。

不同于传统银行，陆珏认为，浦发硅谷银行专注服务科创企业，判断企业时，不以营利、抵押物为衡量标准，而看重企业的成长性及未来价值。"从这个角度讲，我们更像一个投资机构，需要有相对专业的商业判断力以及给予创业公司更多的耐心。跟其他银行相比，我们更擅长全周期的支持。"

具体来看，依据每个创业企业的发展阶段和需求，浦发硅谷银行提供不同的贷款产品和结构，使债务资金与企业发展相匹配，形成一个适合企业不同发展阶段的定制化产品。

如果用陆珏在银行内部经常对同事说的一句话来形容：浦发硅谷银行想做到的是，一家创业企业从成立之初到上市之前，其所需的所有金融服务均可以在这里被一站式满足。

不过，深度服务模式下也意味着，浦发硅谷银行要付出更多的心力，才能摸索出最适合自身发展的模式，没有前人指路，没有作业可抄。

在通常情况下,商业银行传统基础设施与中小型科创企业难以实现直接对接,在把控风险与实现收益之间,这是一条需要持续探索的路径。

从更为细节的层面来看,无论是业务范围还是人才配备,浦发硅谷银行都要在最深处的根部做出区隔。

目前,浦发硅谷银行的客户群涉及 40 多个赛道,其中有 8 个赛道重点布局,包括医疗健康、企业服务、半导体集成电路技术、人工智能与大数据、金融科技、智能制造、新消费和产业互联网。围绕这 8 个赛道,陆珏和团队一起打造了 8 个行业组以及若干重点细分赛道,通过挖掘及积累相应人脉,深度聚焦产业趋势。

而在业务广度中,浦发硅谷银行深度陪伴的触角也已深入企业发展的各个维度。

陆珏透露,近期,浦发硅谷银行正式上线"科创圈招聘平台",为企业招聘科创人才提供新的信息展示渠道,充分发挥浦发硅谷银行的组织与资源优势。"我们的创业者客户都可以在平台上免费发布招聘广告,以期更多的科创人才进入这个市场。"

从业务"打法"上来看,浦发硅谷银行又区别于当下国内外的风投、私募机构。

"我们本质上还是一家商业银行,我们并不会代替风投机构去发现价值。"相反,作为整个生态圈的连接者来赋能,"我们跟 100 多家头部投资机构达成了重要的合作关系"。不过,在投资机构以外,浦发硅谷银行也和孵化器、产业园区、政府、券商等进行多渠道合作。"同时,我们与浦发集团也深入协同和联动,逐渐形成了一张跨区域、跨行业、覆盖头部创新生态的网。"

如今看来,这步棋走得恰到好处。脱胎于银行,服务于企业,同时连接各方渠道,浦发硅谷银行正在突破传统银行与风投存在的双重桎梏。

踏上新征途

正如此前外资银行面临的机遇,在新经济大环境下,一场兼备机遇与挑战的大趋势再次来临。

2020 年 5 月,中共中央政治局常委会会议首次提出:"深化供给侧结构性改革,充分发挥我国超大规模市场优势和内需潜力,构建国内国际双循环相互促进的新发展格局。"

以"金融开放"为重要着力点的双循环格局正在来临。陆珏及时观察到这一趋势:"在这波机遇中,我们看到中国市场的潜在能量,未来一定会持续吸引大量的海外投资者。"

而从某种意义上来说,这也是浦发硅谷银行再次走入发展快车道的关键时刻。

如果细究其在金融开放浪潮中的优势之处,一离不开其外资母行的先天背景,二则得益于其扎根本土科创生态圈的成果。

看到趋势仅是开始,找准定位才是关键。陆珏认为:"在这一阶段,我们独一无二的优势是发挥桥接海内外创新生态系统的枢纽作用,联动全球创新资源,仅2020年,我们就为近百家机构和企业搭建了跨境发展的平台,帮助国内企业走出去对接资源、国外企业走进来落地服务,同时希望引入海外更多长期支持中国创投市场的私募股权资金来助力中国创新经济。"

为此,关于这部分业务的布局,浦发硅谷银行同样早于其他机构。

据陆珏透露,2020年起,浦发硅谷银行已经开始着手调研海外市场。在2021年3月,浦发硅谷银行与硅谷银行联合发布的《市场态势报告》中指出,全球创投资本都在看好中国市场,2020年前三季度的外币基金募资总额高达680亿美元,远超2019年全年的480亿美元。"接下来,我们就要想怎么帮国内优秀投资机构和创业企业对接海外资本,拿到海外市场的钱和资源。"

外循环提速以外,聚焦国内市场,浦发硅谷银行也在加速内循环布局。

2018年,浦发硅谷银行完成了上海、北京、深圳三个创新中心的布局,随着产业下沉,未来新经济的方向将会走向中国广袤腹地的更深处。

"优质科创项目在哪里,我们就在哪里。"经过几年的发展,陆珏对浦发硅谷银行未来的发展方向充满了信心。

随着中国金融开放的深化,合资银行作为枢纽的中坚力量有待显露。在金融开放的新态势下,推动中国创新经济发展,或许才是浦发硅谷银行和其理念对于中国资本市场更大的意义所在。

(三)陈岚:科技金融里的一花一世界①

陈岚是杭州银行科技文创金融事业部总经理。长发披肩、小香风的职业装,乍一看陈岚更像是一位温文尔雅的文艺片女主角。可实际上天蝎座的陈岚,喜欢的却是日本著名推理小说家东野圭吾的小说,喜欢到几乎出一部追一部,无一落下。

金融是强逻辑高风险行业,陈岚从一毕业就身处其中。如果用一条曲线来描述陈岚的职业生涯,那会是一条完美的等角螺线,自然和谐。

记者问陈岚:"你对自己的职业生涯满意吗? 现在的路径,可是你从一开始就为自己规划好的?"

陈岚直言不讳:"我有设想过,但实际上比我自己设想的要精彩。"

记者又问:"到了今天,已经成长为科技文创金融事业部总经理,业务离投资本身又那么近,可曾想过转行业? 甚至创业自己当老板?"

陈岚笑笑:"诱惑难免。可是至少在今后的很长一段时间里,我还能感受到自己的不断成长,只要感受到自己的成长,我就会倍加珍惜,不轻言放弃。"

1."突然"任命

2009 年是个特殊的年份,国际金融风暴刚过,国内经济遭遇的最大冲击是外需市场的瞬间冰冻。外贸出口大省浙江省自然也多少受到波及,出口企业遭遇一轮倒闭潮,银行不良率抬头。经济增长如何实现增速换挡的重要性问题,也开始被越来越深刻地认识到。

2009 年,国家"四万亿计划"的出台给了企业发展一定的空间,也给了金融机构创新一定的空间。于是,金融如何创新破解科技中小企业贷款难问题,首先被提上了日程。

杭州市委、市政府适时提出了关于科技金融的政策指引,要打开金融业的另一扇窗户,让科技金融"珠联璧合",杭州银行积极响应,提出了筹建一个全新的特色支行——科技支行的计划。

2009 年,时任杭州银行江城支行副行长的陈岚,正踌躇满志地与同仁们描

---

① 夏芬娟. 独角兽捕手:杭州创投人访谈录[M]. 杭州:浙江大学出版社,2019.

绘着支行新一轮的蓝图,却突然被总行领导紧急召回面谈,面谈的内容她到了现场才知道:要任命她为筹建中的杭州银行科技支行行长。

一边是已经驾轻就熟的传统金融业务,一边是全新的、毫无经验的、一张白纸的科技金融创新重担。陈岚说,得知新岗位时,谈不上欣喜,内心忐忑。如今看来,这样的金融创新再自然和正确不过,但当时一切都还只是"摸着石头过河",充满了不确定性。

2009年是一个怎样的年份?确切来说,这一年距离李克强总理的"大众创业、万众创新"的号召发出还有5年时间;这一年,在"四万亿计划"的刺激下,一些原本要倒下的中小传统制造企业,躺在政策的"温床"上,又找到了喘息的机会,失去了变革的动力;这一年,房地产投资"大行其道","炒房、炒楼、炒煤"的资本继续风靡全国;也是这一年,尽管在股权分置改革下,A股渐渐迎来全流通时代,创投业兴起,但对金融业而言,要真正将目光从大型国企转移到初创型科技企业,还是受到诸多体制机制的限制。

陈岚自己也没有把握,她能不能在短期内快速切换频道成功。但在接到任命的1个月后,科技支行即如期准备开业。开业典礼放在滨江区龙禧大酒店举行,由时任杭州市委副书记、市长蔡奇与浙江银监局副局长袁亚敏共同为科技支行揭牌。蔡奇还为科技支行题词"努力办成杭州的硅谷银行",今天,这幅字还挂在陈岚办公室里。

2."偷师"硅谷

"基本上是一个创业型的团队,20个人,平均年龄不到28岁。白天跑业务,晚上坐下来复盘,写尽职调查报告,分析、总结经验。"对于那些"初创期"的岁月,陈岚记忆犹新,辛苦之余却更满怀着对未来的憧憬和希望,斗志昂扬。

科技银行应该怎么办?如何针对初创企业设计标准化的贷款产品?如何在承担前期贷款风险的同时,也能同步从这些企业的快速成长中分取一杯羹?基本上,国内没有什么现成的模式可以照搬,带着这些问题,2009年10月,陈岚随杭州市领导走进美国硅谷银行,这次考察给她日后的科技支行运营模式带来了很大的启发。

美国硅谷银行成立于1983年,成立之初注册资本仅500万美元,到2009年,其集团总资产已高达128.4亿美元,在全球拥有超过1万家客户,截至2017

年,硅谷银行与全球超过 2 万家机构有合作。

"初到硅谷银行,你会有难以置信的感觉:原来,为硅谷输血的,培育出了包括思科、艺电在内的一批知名的科技企业的'金融大鳄',就是这幢隐藏在绿树丛中的白色两层小楼? 没有营业柜台,也看不到熙熙攘攘办理存取款的客户。"

但陈岚此行的考察受益匪浅。回来后,她还专门写了一篇《他山之石 可以攻玉》的考察报告记录此行的收获和经验启示。

她说,硅谷银行对科技企业的"专业和专注"给了她很大的启发。基本上,硅谷银行成立以来专注于四个领域从未改变过,即生命科学、电子信息技术、创投机构和高端红酒,"非这四个领域不做"。专注的结果是,他们深刻地掌握着这些行业的生命周期,同时硅谷银行还推出"期权"制度,"像风投机构那样做贷款"。

硅谷归来后,陈岚即给自己定下了"非科技中小企业不做"的铁律。在这几年间,哪怕是房地产行业最热火朝天的时候,她依然专注不动摇,为科技中小企业提供全方位服务。

直到 2013 年,科技支行在原来"科技"的基础上,又响应政策号召,新增"文创"这一版图,其专注的领域拓展为:科技＋文创。领域具体到四大块:生物医药、企业服务(包括云计算和大数据)、工业智能和娱乐传媒。

专注,说起来容易,做起来却很难。陈岚深谙其间的道理。所以,她一步步扎实推进,创新产品、投贷联动等新业务也是一点点试验、总结、再修正、再推进……确保将银行业最擅长的"风控"业务做到极致。

除了专注的力量,硅谷银行自建的一套独特的风控体系和其善借风投机构等外力的创新,也让她印象深刻。

杭州银行科技文创金融事业部赖以生存的创新业务,包括成熟的投贷联动机制、围绕科技企业的成长周期设计创新的"成长可贷"系列产品等,其最初的依据和灵感均来自硅谷银行。

科技支行的实践经验也证明了,科技企业的"轻资产"对金融机构而言并非看上去那么可怕,相反,掌握其生命周期规律后,科技金融服务能驾轻就熟,还能比传统制造企业更容易做好风控,同时让金融机构分享企业的高成长收益。

截至 2016 年,科技文创金融事业部累计发放贷款 1200 亿元,享受贷款扶持的科技文创类中小企业 3000 余家,其中约 1300 家为首次获得银行贷款,保持户均贷款 800 万元,真正做到了服务科技中小企业。在业务良性发展的同时,其风险也得到极好的控制,2016 年不良贷款率仅为 0.36%,远低于平均水平。

3."加码"文创版图

2013 年,科技支行又响应杭州市再建了一个新板块——文创,聚焦影视、动漫、游戏、体育、艺术品等文化创意产业。2016 年 2 月,杭州银行成立了科技文创金融事业部,陈岚出任总经理。

陈岚为科技文创金融事业部取了一句颇为文艺的口号:"唯科技与文创不可辜负。"为什么要增加文创板块? 陈岚说,钱塘自古繁华。更何况,继往开来,经过多年的积淀,杭州的文化产业已经不容小觑,如打造动漫产业之都,鼓励各种互联网文化娱乐产业的发展,杭州更是被誉为"全国文化创意天堂",正处在文创产业高速发展的黄金时代。

"随着文化市场的快速转型和急剧扩展,文化产业的生产经营方式不断发生变化,催生出了新的融资需求。"她说,科技文创金融事业部的成立正是基于这样的土壤以及产业发展的趋势。

比起科技有清晰的技术作为"标准",创新文创金融产品的难度则较大。怎么把更加轻资产的文创企业贷款产品化、标准化,做好风控? 比起当年的初来乍到,此时的陈岚显得更为胸有成竹。

发展文创金融,最大的瓶颈之一是信贷风险评估难,那就对症下药、量体裁衣。科技金融事业部针对文创中小企业的特点创新了融资产品,如推出了"风险池贷款",即基于大数定律的原理,通过大量项目的整体收益风险补偿,化解个别项目带来的资产不确定性;"银投联贷",是借助投资机构的专业眼光,评估企业或项目的风险;"选择权贷款",在利息收入之余保留股权增值的收益,缓和科技文创企业信贷风险与收益不匹配的问题;"影视夹层融资",既借助投资者的专业能力,也降低财务杠杆,同时得到一定程度的担保。

2017 年,由于为《人民的名义》提供信贷支持,杭州银行着实"火"了一把,也让更多人看到了创新金融在文化产业背后的巨大助推作用。

但其实《人民的名义》在热播前,还存在巨大的不确定性,制作期间还一度遭到投资人撤资。为何连专业投资机构都未必能看得清楚的项目,杭州银行敢冒风险进入,愿意为其提供 1000 多万元的纯信用贷款?

陈岚解释说,影视类产品主要是"三看",即看人、看团队、看内容。因为团队对影视行业足够了解,银行强大的风控体系在文创产业的趋势把握上有独到的优势。

"《人民的名义》,其实我们看中的是人,看中这部剧的编剧周梅森、导演李路真正要把事情做好的决心和毅力。"陈岚透露了一个细节:这个剧组演员的片酬占比不到 40%。剧组没有把大量的资金花在"小鲜肉"上,却为了很多"老戏骨"调动人脉"三顾茅庐"。陈岚对该剧的出品方嘉会文化追求品质、崇尚"工匠精神"等企业文化比较认可。

为《人民的名义》提供信贷支持,也成为金融业适应新经济、创新科技文创金融服务模式的一个样本。除此之外,《鸡毛飞上天》《建军大业》等剧的背后,均有杭州银行科技文创金融事业部的身影。

理念的革新,尚需激励和操作性流程制度的配套跟进。总结科技文创金融的创新经验时,陈岚说,在实践经验中,他们特别根据实际经验定制了诸多的配套政策,典型的像"五项单独"政策,即单独的客户准入标准、单独的信贷审批流程、单独的风险容忍度、单独的考核激励机制和单独的业务协同体系。

如单独的考核激励机制,考虑到科技文创产业的特殊性,同时参考"高风险、高回报"的特征,针对不同风险的单笔贷款,会单独制定考核激励机制,最大限度提升业务经理的责任心和积极性。

4. 戴上望远镜看世界

从 20 个人的团队到 200 个人的团队;从零开始到近 180 亿元存款、130 亿元贷款,实现良性发展;从杭州出发,到今天的全国布局,挺进"北、上、广、深"一线城市,就是科技文创金融事业部发展的故事,也是陈岚的励志成长故事。

比尔·盖茨说:"我从来都是戴着望远镜看世界的。"所以,那些听上去老大难的问题,在"戴着望远镜"的双眼看来,却是另外一番风景。

中小企业的贷款难问题,是一个世界性的难题。事后回望杭州银行科技文创金融事业部的快速发展,好像创新金融正是一块朝气蓬勃、犹待开发的处女地。但真的身处其中,却是"摸着石头过河",步步惊心。

　　杭州银行对成立5年以内的科技型中小企业进行了抽样问卷和实地调查。结果显示：大部分科技型中小企业都有向外"找钱"的经历和期待，但是受制于担保方式难以落实等客观原因，从银行渠道获取融资的难度较大。这是浙江科技型中小企业的集体难题。

　　可以想象，创新科技金融，这原本就是一条充满艰险的路。但专业的直觉又告诉陈岚，这会是一条正确的通往光明之路。

　　到了今天，陈岚越发确认："路是对的，我们只需要负责努力前行就好。"

　　当然，让她如此胸有成竹走下去的还有一点重要原因：她确信，不是她一个人在战斗。自始至终，一路走来，从市领导层面的政策支持，到杭州银行总行的战略方向和资源的倾斜支持，再到与杭州市高科技投资有限公司、杭州当地的投资公司紧密合作，她充分利用好了内力和外力的双重推力。

　　"要真正做好科技金融创新，仅靠一方的力量远远不够。"陈岚回忆说，除了产品、理念，更需要体制机制的配套。"所以她提出了共建科技金融生态圈的理念。

　　"轻资产"的抵押如何解决？银行的风险厌恶"脾性"和科技企业的高风险本性如何匹配？其实，除了自身内动力的不断推陈出新，可以说，陈岚把"借力和合作"发挥到了极致。

　　"轻资产"的抵押问题如何解决？杭州银行科技支行和杭州高科技担保有限公司成为"亲密战友"，这是一家杭州市科委下属的国有政策性担保公司，双方基于科技型企业的"轻资产"特性，为科技型企业量身定制了不少创新业务，包括知识产权的质押担保、信用担保等。

　　银行和担保机构又该如何在高风险的环境下将风险降到最低？信贷风险补偿基金（简称"风险池基金"）的扶持模式应运而生。地方政府将部分原本拨付企业用于项目研发等方面的财政扶持资金，存入科技支行，地方政府与担保公司、科技支行按4∶4∶2的比例设立信贷风险补偿基金。

　　金融机构又该如何与高科技企业分享高成长收益？与风险投资机构合作，力推投贷联动机制，到2016年，杭州银行科技文创金融事业部在投贷联动基础上又迈出了直投的新步伐。

　　截至2017年，杭州银行科技文创金融事业部已经与130多家创投天使机构建立了紧密的合作关系,成为杭州创投天使机构成长的见证者。

今天的杭州,正崛起一批实力非凡的天使创投机构,杭州的创业创新氛围浓,已经造就出以阿里系、浙大系、海归系和浙商系为代表的"新四军"创业"军团";今天的杭州,正借助 G20 之势,提升国际化、建设"世界名城",致力于成为"中国硅谷"。

从数据来看,杭州经济也正成功实现蝶变:信息经济迎头赶上成为经济增长的"生力军",新经济正取代传统制造,成为支撑起经济新增长的支柱。2014—2017 年,杭州信息经济的增速超过 25%,对全市的 GDP 贡献率超过 50%。

而这一切的变化,离不开科技金融创新的输血支持。杭州除了杭州银行等创新金融机构,还有蚂蚁金服等互联网金融龙头企业为引擎,更有数百家大大小小的创投机构等提供的创投资本支持。2016 年年末,为更好配套创新之城的建设,钱塘江金融港湾规划的宏伟蓝图也正式出炉。其中提到,要在未来 10 年,将钱塘江金融港湾打造成为财富管理和新金融创新中心。

硅谷之所以被称为硅谷,除了其与生俱来的创新氛围和体制机制,硅谷银行等创新金融的支持也正成为其中不可或缺的一部分。今天的硅谷银行,尽管实体面积不大,看上去并不是那么繁华、人流密集,其业务却遍布全球,与全球超过 550 家风险投资基金建立了密切的业务联系,并成为 400 多家私人股权投资机构的有限合伙人。说硅谷银行的存在,成就了今天的硅谷创新高地未免言过其实,但可以说,硅谷银行的金融创新,本身就是硅谷的一道亮丽风景线。

借力、共建金融创新生态圈,同时也不知不觉身处其中,杭州银行等创新金融成为杭州创业创新崛起的参与者和见证者。陈岚说,值得庆幸的是,她一直奔走在一条对的创新之路上,无须犹豫彷徨。

第五章
科技资本市场

一、科技资本市场概述

科技资本市场是为科技型中小企业提供直接融资服务的除风险投资市场之外的资本市场。它是"轻资产、重创意、高风险"科技型中小企业的重要直接融资场所,也是风险投资市场中风险资本的重要退出渠道,是科技金融服务体系的重要组成部分。

(一)定义与分类

目前,我国已初步形成了涵盖"沪市主板＋科创板市场"、"深市主板＋创业板市场"、北交所、新三板市场、区域性股权交易市场、债券市场等较为完善的由场内交易市场和场外交易市场共同组成的多层次资本市场体系。其中,场内交易市场主要包括主板市场、中小板市场、创业板市场、科创板市场等;场外交易市场主要包括新三板市场、区域性股权交易市场、银行间交易市场、券商柜台市场、私募基金市场、机构间私募产品报价与服务系统等。由于主板市场和现已并入深交所主板的中小板市场的门槛都很高,对企业的财务指标和经营状况都有严格的要求,绝大多数科技型中小企业望尘莫及,加之一些场外市场诸如银行间交易市场、机构间私募产品报价与服务系统等和科技型中小企业直接融资的关联度不大以及债券市场的重要性,本书将科技资本市场进一步界定为创业板市场、科创板市场、新三板市场、区域性股权交易市场、债券市场等。其完整定义为:科技资本市场是为科技型中小企业提供直接融资服务的除风险投资市场之外的资本市场,主要包括创业板市场、科创板市场、新三板市场、区域性股权交易市场、债券市场等。

1.创业板市场

2000年5月,国务院同意证监会设立二板市场的请示,将二板市场定义为"创业板市场"。经过近10年的努力探索,创业板于2009年10月23日正式启动。2009年10月30日,特锐德等第一批共28家公司在深圳证券交易所创业板挂牌上市。2019年12月28日,《中华人民共和国证券法》(2019年修订)通过并于2020年3月1日起施行,注册制由此全面推行。2020年6月,证监会发布了《创业板首次公开发行股票注册管理办法(试行)》《创业板上市公司持续监管办法(试行)》《创业板上市公司证券发行注册管理办法(试行)》《证券发行上市保荐业务管理办法》,自公布之日起施行,标志着创业板注册制正式实施。2020年8月,创业板注册制首批首发企业上市交易,宣告资本市场正式进入全面改革的"深水区"。与主板和中小板相比,创业板在成立时间、资本规模、中长期业绩、投资者条件、信息披露制度等方面的要求相对较低,主要为创新性、高科技、成长型企业提供金融服务。

2.科创板市场

2018年11月5日,国家主席习近平在首届中国国际进口博览会开幕式中发表了主旨演讲,宣布在上海证券交易所设立科创板并进行注册制试点改革。2019年1月,国家又颁布了《在上海证券交易所设立科创板并试点注册制总体实施方案》《关于在上海证券交易所设立科创板并试点注册制的实施意见》并出台了科创板其他配套业务规则。这标志着科创板正式落地并由此拉开了全国上市制度改革的序幕。其中,《关于在上海证券交易所设立科创板并试点注册制的实施意见》强调:在上交所新设科创板,坚持面向世界科技前沿、面向经济主战场、面向国家重大需求,主要服务于符合国家战略、突破关键核心技术、市场认可度高的科技创新企业;重点支持新一代信息技术、高端装备、新材料、新能源、节能环保以及生物医药等高新技术产业和战略性新兴产业,推动互联网、大数据、云计算、人工智能和制造业深度融合,引领中高端消费,推动质量变革、效率变革、动力变革。2019年6月13日,科创板正式开板;2019年7月22日,科创板首批公司正式开市;2019年8月8日,第二批科创板公司挂牌上市。

2019 年 8 月，为落实科创板上市公司并购重组注册制试点改革要求，建立高效的并购重组制度，规范科创板上市公司并购重组行为，证监会发布《科创板上市公司重大资产重组特别规定》。

3. 新三板市场

1990 年 12 月 5 日，全国证券交易自动报价（Securities Trading Automated Quotations，STAQ）系统正式运行，两年后又推出了全国证券交易（National Exchange and Trading，NET）系统，但由于多方面因素，"两网系统"即 STAQ 系统和 NET 系统日益萎缩并于 1999 年 9 月停止运营。2001 年 6 月，为了有效解决"两网系统"挂牌公司和退市公司的法人股与内部职工股的流通问题，中国证券业协会发布了《证券公司代办股份转让服务业务试点办法》并于 2001 年 7 月建立了股权代办转让系统，即所谓的"三板"。相对于后来的"新三板"，此三板称为"旧三板"。由于运营情况不好，旧三板逐渐被 2006 年 1 月启动的新三板——"北京中关村科技园区非上市公司股份报价转让系统"取代。2012 年，经国务院批准，中国证监决定扩大新三板试点，首批扩大的新三板试点新增三个园区，即上海张江高新技术产业开发区、武汉东湖新技术产业开发区和天津滨海高新技术产业开发区。2013 年 1 月 16 日，全国中小企业股份转让系统有限责任公司（以下简称"全国股转公司"）正式揭牌并开始运营。2013 年年底，新三板开始推向全国，扩容至所有符合其条件的企业。2014 年之后，新三板真正进入快速增长期。2019 年 10 月 25 日，证监会宣布启动全面深化新三板改革。2019 年 12 月 27 日，全国股转公司发布实施《全国中小企业股份转让系统投资者适当性管理办法》，全面下调新三板投资者资产门槛，标志着新三板全面深化改革正式落地实施。2020 年 6 月，《关于全国中小企业股份转让系统挂牌公司转板上市的指导意见》由证监会正式发布，新三板改革通过设立"精选层－创新层－基础层"分层模式，明晰各个市场层次定位；通过改进现有定向发行制度，推动新三板上市企业的融资需求；通过优化交易制度，克服新三板流动性难题，提高市场价格发现效率，便利投融资对接；通过完善新三板摘牌和退出制度，平衡企业自然出清和防范恶意摘牌；通过建立转板机制，充分发挥新三板市场承上启下的作用，打通中小企业成长壮大的上升通道，畅通多层次资本市场的有机联系。2020 年 7 月，新三板精选层设立并开市交易，首批共 32 家企业。尤其值得一提的是,根据新三板转板机制,连续挂牌满一年且符合上市条件的精选层企业可以直接申请转板到科创板或创业板上市。

4.区域性股权交易市场

区域性股权交易市场是指在省级行政单位的监督与管理下,着力推动高新技术企业或创新型企业进入资本市场,通过挂牌展示、托管交易、投融资服务、培训支持、转板上市等综合金融服务帮助中小微企业快速发展的四板市场。作为主要为中小微企业提供股权流动性、融资等服务的场外市场,区域性股权交易市场是我国多层次资本市场的重要组成部分。2008年9月,我国真正意义上的第一家区域性股权交易市场天津股权交易中心设立。自此之后,为了解决中小微企业融资难问题,我国各地就陆陆续续成立了区域性股权交易市场。2012年证监会印发《关于规范证券公司参与区域性股权交易市场的指导意见(试行)》,区域性股权交易市场的作用获得肯定。区域性股权交易市场逐渐成为多个地方金融改革的重点,呈现出地方政府大力推动、证券公司深度参与、中小微企业踊跃挂牌的局面。2013年8月,国家出台了《关于金融支持小微企业发展的实施意见》,区域性股权交易市场正式纳入我国多层次资本市场体系。2015年6月,在总结我国各地实战经验的基础上,证监会起草了《区域性股权市场监督管理试行办法(征求意见稿)》,对区域性股权市场的基本定位、监管底线、市场规则、支持措施等做出了规定。2017年,《关于规范发展区域性股权市场的通知》及《区域性股权市场监督管理试行办法》的先后出台,为区域性股权交易市场的规范、健康、稳步的可持续发展注入了新的力量。总体而言,我国区域性股权市场扎根并服务于本地的中小微企业,服务面广,普惠性强,目前发展态势良好。

5.债券市场

经过40多年的发展,我国债券市场从零基础发展为如今覆盖银行间市场、交易所市场和柜台市场的债券市场体系;债券品种从单一的国库券品种发展为如今拥有国债、企业债、金融债、公司债等品种。由于企业债和公司债对发债主体的发行规模、净资产、资金用途、年利润、单位发行额度等都有严格的要求,门槛相当高,所以不适合科技型中小企业。例如,发行债券的股份有限公司的净资产要高于 3000 万元,发行债券的有限责任公司的净资产则要高于 6000 万元。于是,企业债的分支品种——中小企业集合债和中小企业私募债应运而生。其中,中小企业集合债是由一个机构作为牵头人,以多个中小企业所构成的集合体为发债主体,各中小企业各自决定发行额度,分别负债,使用统一的债券名称,统收统付,向投资人发行的约定到期还本付息的一种企业债;中小企业私募债是非上市中小企业面向特定的投资者,采用非公开发行的方式,约定在一定期限还本付息的一种企业债。尤其是中小企业私募债,它是为科技型中小企业量身定做的一种全新的、便捷的债券品种。相比而言,它的优势主要有:审批环节较少,流程便捷,最快可在 10 个工作日内予以批复备案;发行门槛较低,对中小企业的盈利能力、净资产、是否具备评级和担保等方面没有强制性规定和刚性要求;债券发行规模没有"天花板"限制,仅以市场需求为准;所募资金不指定用途,可由中小企业自由支配;重点支持科技创新能力较强的中小企业,债券发行成本较低。

综上可知,科技资本市场可进一步定义为"是为科技型中小企业提供直接融资服务的除风险投资市场之外的资本市场,主要包括创业板市场、科创板市场、新三板市场、区域性股权交易市场、中小企业集合债、中小企业私募债等"。

(二)美国科技资本市场发展实践

美国有全球最发达、最健全、最有层次的资本市场。其中,全国性的证券交易所主要有纽约证券交易所(New York Stock Exchange, NYSE)、美国证券交易所(American Stock Exchange, AMEX)、纳斯达克市场(National Association of Securities Dealers Automated Quotations, NASDAQ)等;区域性的证券交易所主要有费城证券交易所 (Philadelphia Stock Exchange, PHSE)、太平洋证券交易所 (Pacific Stock Exchange, PASE)、波士顿证券交易所 (Boston Stock Exchange, BSE)、全美证券交易所(National Stock Exchange, NSE)、中西部证券交易所(Midwestern Stock Exchange, MWSE)、芝加哥期权交易所(Chicago Board Options Exchange, CBOE)等以及由美国证券交易委员会(United States Securities and Exchange Commission, SEC)依法豁免办理注册的小型的地方证券交易所;场外交易市场(Over the Counter, OTC)主要有场外

柜台交易系统（Over the Counter Bulletin Board, OTCBB）、粉单交易市场（Pink Sheets）、第三市场、灰色市场等，由许多各自独立经营的证券经营机构依靠电话、电报、传真和计算机网络联系成交。除此之外，美国还拥有交易灵活的债券市场，其规模较大，发行条件较为宽松，企业债交易灵活，已成为大多数美国企业包括科技型中小企业融资的重要选择。鉴于纳斯达克市场是仅次于纽约证券交易所的全球第二大证券交易所和世界上发展最成功的创业板市场，堪称世界科技型企业的"成长摇篮"，其发展过程也是美国科技资本市场发展史中的一个缩影，下面阐述此市场的情况以期"窥一斑而知全豹"。

1971年，为了规范混乱的场外交易，美国全美证券交易商协会（National Association of Securities Dealers, NASD）创建了"全美证券交易商协会自动报价系统"（National Association of Securities Dealers Automated Quotations, NASDAQ），即纳斯达克市场。它是世界上第一个电子证券交易市场，主要为高成长性、高风险性的中小企业提供融资服务。1971年10月13日，英特尔公司登陆纳斯达克市场，成功融资820万美元。1975年，纳斯达克市场设置上市标准，成为一个独立的上市场所，借此与其他场外交易市场区别开来。1980年12月12日，苹果公司在纳斯达克上市，发行460万股股票，收盘时股票价格29美元，创造了4名亿万富翁，从此纳斯达克市场被称为"亿万富翁的温床"。1982年，纳斯达克市场在原有报价系统的基础上开发出新的全国市场系统，方便快捷地向投资者传递股票价格、成交信息、公司财务状况以及公司治理等信息，极大地提高了市场透明度，便利了投资交易。在新报价系统的基础上，纳斯达克市场又提出了第二套更高的上市标准，进行了市场分层，将部分规模大、交易活跃的股票划入纳斯达克全国市场（NASDAQ National Market, NASDAQ-NM），其余股票划入纳斯达克常规市场（NASDAQ Regular Market, NASDAQ-RM）。此市场分层大获成功，刚开始符合全国市场标准的股票只有84只，一年后就发展到682只，到1990年这一数字突破了2500只。1990年6月，纳斯达克市场设立了OTCBB，为不能满足证券交易所或纳斯达克市场上市标准的股票以及证券交易所或纳斯达克市场退市的股票提供一个公开、透明、有效率的证券交易市场。1992年，纳斯达克常规市场更名为纳斯达克小型股市场（NASDAQ Small Cap Market, NASDAQ-SCM）。2006年2月，为留住那些已经颇具规模的优质高科技企业,纳斯达克市场再次通过市场分层推出纳斯达克全球精选市场(NASDAQ Global Select Market),只有满足最高综合标准的公司才能登陆这一市场。同时,纳斯达克全国市场更名为纳斯达克全球市场(NASDAQ Global Market),纳斯达克小型股市场更名为纳斯达克资本市场(NASDAQ Capital Market)。于是,纳斯达克市场就被分为三个层次:兼具像纳斯达克全球精选市场那样的主板市场和像纳斯达克全球市场、纳斯达克资本市场那样的二板市场,还有像 OTCBB、粉单交易市场那样的三板市场即场外交易市场。从规模上看,位于底层的场外交易市场中公司数量最多,上市门槛最低,市场规模越大;而市场层次越高,上市门槛越高,市场规模越小,总体则呈现出金字塔结构。例如,位于底层的 OTCBB 的上市门槛就很低,对公司的资产或财务状况几乎没有要求,只要向美国证券交易委员会提交文件,同时公开季度、年度财务报告即可;又如,粉单交易市场的发行公司甚至不必向美国证券交易委员会提交财务报告,也不受证券监管当局的监管。此金字塔结构的各个层次市场之间不是孤立的,而是互动的。低层次市场的上市公司一旦满足上一层次市场的准入条件,就可以选择进入上一层次市场;同样,如果高层次市场的上市公司不再符合上市条件,就会被调入下一层次市场。层次分明的金字塔结构,加上严格的升降板规定,充分发挥了纳斯达克市场的优胜劣汰机制,充分保证了其上市公司的整体素质,不仅能为新兴的科技型中小企业提供有效的融资平台,也能为风险投资市场中的风险资本提供便利的退出渠道。下面以纳斯达克资本市场、OTCBB 和粉单交易市场之间的升降条件为例进行说明。从 OTCBB 升级到纳斯达克资本市场的条件主要有:资产净值在 500 万美元以上;总市值在 500 万美元以上;前一会计年度净利润在 75 万美元以上;股价不低于 4 美元;股东超过 300 人;有 3 个以上的做市商。降级摘牌的条件主要有:企业股票连续 30 日交易价格低于 1 美元,警告后 3 个月未能使该企业股价升至 1 美元以上,则将其摘牌,退至 OTCBB 报价交易;在 OTCBB 摘牌的企业将退至粉单交易市场进行报价交易。

综上可知,纳斯达克市场是美国科技资本市场发展实践的典范,其成功原因可部分归结为层次分明的金字塔结构和严格的升降板规定。

二、浙江省科技资本市场发展实践

截至 2021 年年末,浙江省累计新增上市公司 606 家,包括 145 家中小板、137 家创业板和 32 家科创板,分布领域集中在生物医药、传统制造、新材料与企业服务等,实业类别占比最高,累计融资超 1.6 万亿元。其中,杭州市累计培育上市公司总数超 218 家,成为继北京、上海、深圳后第 4 个上市公司超 200 家的城市。而且,作为地方政府,浙江省政府虽然在创业板市场、科创板市场、新三板市场等建设与完善方面难有作为,但在区域性股权交易市场、中小企业集合债、中小企业私募债等建设与完善方面可有作为。区域性股权交易市场是多层次资本市场的重要组成部分,浙江省政府理应非常重视其建设与完善。事实上,作为浙江省的区域性股权交易市场,浙江省股权交易中心在浙江省政府的指导下,"建特色板,发首单私募债,做重组改制,陪企业成长,迎创新试点",在全国科技资本市场一直发挥着"排头兵"作用。下面阐述此中心的情况以期"窥一斑而知全豹"。

2012 年 10 月,浙江省股权交易中心正式成立。此中心是浙江省政府根据国家发展多层次资本市场需要批准设立的省级股权交易平台,是浙江省(不含宁波市)唯一合法的区域性股权市场运营机构。成立之后,此中心紧紧围绕中小企业创新发展和培育壮大战略性新兴产业的需要,实行低门槛的挂牌企业准入政策,以推动更多中小企业进入区域性股权交易市场;建立创新、高效、灵活的私募融资服务机制,以拓宽企业的融资渠道;与全国性的证券交易所形成有效对接,以支持企业做强做大;建立相应的配套政策支持体系,以优化企业的发展环境并着力破解企业的融资难和民间资金投资难问题。2016 年,"做大做强省股权交易中心,充分发挥省股权交易中心作用"被纳入浙江省委、省政府战略和钱塘江金融港湾建设方案。2016 年 9 月,此中心"长兴科技板"正式开板,开启了"区域股交+县域经济"合作的新模式。2017 年 9 月,此中心完成首次增资扩股,注册资本 7 亿元。2018 年 7 月,此中心获浙江省政府批准同意,以"重组更名,剥离设立"方式设立"浙江股权服务集团",剥离设立股权交易中心。2018 年,浙江股权服务集团继续进行增资扩股,以完成集团化架构布局并形成"一体两翼"战略布局。2019 年,此集团全面实施"一体两翼"发展战略,打造以浙江省股权交易中心为"体"的核心品牌形象,做好"两翼"中的金融资产端的风险防控,强化以股权为核心的资本市场业务,将自身建设成为科技型中小企业成长的普惠金融服务商、地方经济创新发展的资本服务商和上交所、深交所等更高层次资本市场的金融服务商。2020 年 8 月,浙江省科创助力板在嘉善正式开板。科创助力板是由上海证券交易所和浙江省股权交易中心共同发起建设的浙江科创板企业上市培育板块,定位为浙江省科创板拟上市企业的培育库,以规范培育、价值发现、综合服务为核心,以提升挂牌企业质量为目标,以股权融资和上市培育为重点,是科创板拟上市企业的预披露、预规范、预估价的服务平台。此后,此集团继续深化"一体两翼"发展战略,以"科创助力板"为新业务增长点,以"一县一平台"为县域金融赋能服务工程,以"1＋N"服务体系为落地路径,积极发挥集团及股东单位资源优势,打造"服务＋融资""金融科技＋上市培育""科创培育＋可转债"发展模式,致力于实现"5115"发展目标——新增挂牌5000 家,股改 1000 家,拟上市培育 100 家,上市并购 50 家。

浙江股权服务集团有"国际人才板""科创助力板""衢州智造板""龙游智造板""台州湾小微科创板""金义精选板""太湖科技板""生物医药板""丽水生态板"等特色板块,有"科创主力板""浙里托管""浙里投""私募可转债""私募股票发行""培训路演""私募股权投资基金"等专门业务。其中,国际人才板是在浙江省委人才办、浙江省金融办等指导下,致力于集聚国际人才资源、强化人才资本对接、优化人才金融服务而设立打造的全国多层次资本市场中第一个"人才"板块;"科创助力板"致力于"以多元化服务助力科创企业更好发展,更快上市",其产品和服务主要有"科技属性认定""第三方增信""规范培训""综合金融服务""询价路演""信息披露辅导"等;"衢州智造板""龙游智造板""台州湾小微科创板""金义精选板""太湖科技板""生物医药板""丽水生态板"由浙江股权服务集团分别与衢州市人民政府、衢州市龙游县人民政府、台州湾新区人民政府、金华市金东区人民政府、湖州市长兴县人民政府、杭州经济技术开发区管理委员会、丽水市人民政府共同建设;"浙里托管"通过电子登记系统,为中小微企业提供股权登记托管、股权确权、变更登记、冻结登记、分红派息、股权查询、持股证明等专业服务;"浙里投"为浙江省股权交易中心赋能县域经济创新和中小企业成长提供服务,为其固定收益类产品提供信息展示,为其合格投资者提供适当性管理;"私募可转债"是相关主体在区域性股权交易市场发行非公开发行、可转换为股票的公司债,由浙江省股权交易中心为企业成功发行私募可转债提供一揽子定制化服务;"私募股票发行"是面向不超过 200 人的特定对象发行股票并通过发行股票帮助企业发现股权价值,也由浙江省股权交易中心为企业股票发行提供一揽子定制化服务;"培训路演"是根据(拟)挂牌企业培训的实际需求,研发定制系列资本市场培育课程,为企业提供战略规划、公司治理、投融资、财务法律等专业辅导;"私募股权投资基金"致力于投资长三角地区优质企业,为浙江省股权交易中心企业提供股权投资服务,通过专业的基金管理能力,促进金融与地方产业的结合,并追求良好的投资回报。

三、结论与建议

(一)结论

(1)科技资本市场主要包括创业板市场、科创板市场、新三板市场、区域性股权交易市场、中小企业集合债、中小企业私募债等。

(2)纳斯达克市场是美国科技资本市场发展实践的典范,其成功原因可部分归结为层次分明的金字塔结构和严格的升降板规定。

(3)浙江省股权交易中心在浙江省政府的指导下,"建特色板,发首单私募债,做重组改制,陪企业成长,迎创新试点",在全国科技资本市场一直发挥着"排头兵"作用。

(二)建议

1.应构建完善层次分明的浙江省科技型中小企业培育库

浙江省科技型中小企业培育库应采用注册制,即从事具有一定技术含量和技术创新性产品的研发、生产和服务,符合国家产业、技术政策,知识产权明晰的非上市中小企业均可登记注册。纳斯达克市场内部分为三个层次:像纳斯达克全球精选市场那样的主板市场,像纳斯达克全球市场、纳斯达克资本市场那样的二板市场,以及像 OTCBB、粉单交易市场那样的三板市场即场外交易市场。新三板改革通过设立"精选层-创新层-基础层"分层模式,明晰各个市场层次定位。结论亦表明,纳斯达克市场是美国科技资本市场发展实践的典范,其成功原因可部分归结为层次分明的金字塔结构和严格的升降板规定。因此,本书构想中的浙江省科技型中小企业培育库应采用像纳斯达克市场和新三板市场那样层次分明的金字塔结构并建立严格的升降板(库)规定,进而使其成为创业板市场、科创板市场、新三板市场和浙江省股权交易中心上市、挂牌企业的"苗圃",从而让"浙江省股权交易市场+新三板市场、科创板市场、创业板市场"比场内交易市场更能发挥服务实体经济尤其是科技型中小企业的作用。

2. 应加强建设以浙江省股权交易中心为"体"的浙江股权服务集团

作为地方政府,浙江省政府虽然在创业板市场、科创板市场、新三板市场等建设与完善方面难有作为,但在区域性股权交易市场、中小企业集合债、中小企业私募债等建设与完善方面可有作为。结论亦表明,浙江省股权交易中心在浙江省政府的指导下,"建特色板,发首单私募债,做重组改制,陪企业成长,迎创新试点",在全国科技资本市场一直发挥着"排头兵"作用。事实亦表明,以浙江省股权交易中心为"体"的浙江股权服务集团也一直在深化"一体两翼"战略布局,加快转型步伐,创新金融产品和服务,致力于将自身建设为以直接融资为核心的资本市场普惠金融服务体系和数字股权交易中心。因此,加强建设以浙江省股权交易中心为"体"的浙江股权服务集团应是浙江省科技资本市场发展实践的重中之重,而浙江股权服务集团也应是浙江省政府政策法规出台和财政科技投入的侧重对象。

3. 应大力发展中小企业私募债

中小企业私募债是为科技型中小企业量身定做的一种全新的、便捷的债券品种,其优势主要有:审批环节较少,流程便捷,最快可在十个工作日内予以批复备案;发行门槛较低,对中小企业的盈利能力、净资产、是否具备评级和担保等方面没有强制性规定和刚性要求;债券发行规模没有"天花板"限制,仅以市场需求为准;所募资金不指定用途,可由中小企业自由支配;重点支持科技创新能力较强的中小企业,债券发行成本较低。而且,美国还拥有交易灵活的债券市场,其规模较大,发行条件较为宽松,企业债交易灵活,已成为大多数美国企业包括科技型中小企业融资的重要选择。鉴于中小企业债券融资难题一直悬而未决且已成为我国多层次融资体系中的薄弱环节,加之浙江省科技型中小企业众多和中小企业私募债所具有的固有优势,浙江省政府理应借鉴美国企业债市场的发展经验,走在前头并做出表率,大力发展中小企业私募债并着力推进浙江省债券市场的建设与完善。

四、本章附录

(一)以区域性股权市场为中心 构建中小微企业成长服务体系:浙江股权交易中心服务中小微企业探索与成效①

浙江股权交易中心(以下简称"浙股交")是浙江省政府根据国家发展多层次资本市场需要批准设立的省级股权交易平台,是浙江省(不含宁波市)唯一合法的区域性股权市场运营机构。浙股交于 2012 年 10 月成立,2017 年 9 月完成增资扩股(注册资金增至 7 亿元),2018 年 7 月获浙江省政府批准同意,以"重组更名,剥离设立"方式设立浙江股权服务集团,剥离设立股权交易中心。

2014 年,浙江省委副书记、省长李强在浙股交召开座谈会时指出,"将浙江股权交易中心列为省委、省政府推动转型升级的重要抓手和平台,非常希望浙股交做大做强,驱动浙江经济创新发展"。2015 年,浙江省政府向国务院提出申请开展区域性小微企业证券市场试点。2016 年,"做大做强省股权交易中心,充分发挥省股权交易中心作用"被纳入浙江省委、省政府战略和钱塘江金融港湾建设方案。2016 年,时任浙江省代省长车俊在全省科技创新大会上明确提出,要做大做强省股权交易中心,5 年力争实现挂牌企业 1 万家,融资规模 1000 亿元等战略目标。2017 年,浙江省省长袁家军视察浙股交时,指出要把浙股交打造成为支持中小企业发展、转型,特别是培育中小企业的上市平台,把浙江省的政策通过浙股交辐射下去。

1. 近年来的探索与实践

浙股交围绕浙江省委、省政府战略部署,充分发挥区域性股权市场职能作

---

① 蒋潇华. 以区域性股权市场为中心 构建中小微企业成长服务体系:浙江股权交易中心服务中小微企业探索与成效[EB/OL]. (2018-11-23) [2021-06-06]. https:// cs. com. cn/xwzx/zt2017/20181123/01/201811/t20181123_5896342. html.

用,提速增效,深化服务,更好地支持中小微企业发展,逐步成为浙江省内培育广大中小微企业成长的新金融服务商,在各方面积极开展探索与实践。截至2018年7月,浙股交已平稳运行5年有余,实现企业挂牌5833家,各类会员机构398家,累计各类融资410.15亿元,其中股权融资60多亿元,共推动85家企业转"新三板",3家企业分别在沪、深证券交易所和港交所上市,4家进入上市辅导期。

(1)以清理风险与增资扩股为起点,夯实浙股交规范发展根基

一是完成清理整顿和化解风险工作任务。其间,先后稳妥处置G20会议前优先股风险;停止面向个人的互联网股权融资业务,调整队伍回归股权私募融资,遗留项目平稳过渡;停止对私募债的备案发行;重新制定投资者适当性办法。2017年,清理整顿工作完成,内控机制规范到位,被浙江省政府确认为唯一一家归入规范保留类的金融类交易场所。二是完成浙股交增资扩股。在浙江省委、省政府及浙江省金融办、财政厅等单位的支持下,浙股交历时1年4个月,于2017年11月完成工商变更,新引入14家股东,包括9家上市公司和5家投资机构,注册资本由原来1亿元增至7亿元,为浙股交未来跨越式发展奠定了坚实基础。

(2)以深化中小微企业服务为核心,重塑挂牌体系,建设特色板块

一是重构挂牌体系,分层培育中小微企业。浙股交组织专业团队调研600余家科技创新企业,实地了解企业需求。依据企业的发展阶段与规范程度,将挂牌企业分设为基础展示、融资转让和上市培育三个层级,并制定不同的信息展示与披露规则,实行有针对性的分层管理。对基础展示层企业提供"五个一"基础服务,打造"浙里大讲堂",为初创企业定制培训,帮助企业更好地利用资本市场提升企业价值,打造高效的管理体系与运营团队;逐步引导融资转让层的挂牌企业信息披露,不断增强规范意识,为企业后续通过资本市场融资打好基础;组织沪、深、港交易所"路演",让上市培育层企业提前了解各大交易所的上市条件及审核要求,选择适合自身发展的交易场所IPO。二是建设特色板块,精准服务挂牌企业。浙股交联合地方政府或行业主管部门,共同确定挂牌条件,设立特色板块,引导符合国家产业发展方向与县域经济特色的优质企业进场挂牌。浙股交先后打造了"国际人才创新创业板""长兴科技板""金控梦想

板"等 5 个特色板块。"国际人才创新创业板"运营 1 年半时,已汇集重点人才创办的 94 家高科技企业,为人才企业提供投融资对接、资本市场培训、上市并购等精准服务。目前已有 20 家挂牌企业获得融资,融资金额 4.12 亿元。

(3)以"长兴科技板"为试点,探索服务县域经济发展新模式

一是试点服务县域经济发展模式取得新突破。2016 年 9 月,浙股交"长兴科技板"正式开板,开启了"区域股交＋县域经济"合作的新模式。经过一年多的探索实践,"长兴科技板"实现企业挂牌 136 家,促进 50% 以上挂牌企业完成股份制改制,推动 5 家企业转"新三板",1 家企业在港交所上市,1 家企业进入上市辅导期,成绩斐然。"长兴科技板"的探索建设,符合浙江省委、省政府的战略要求,是区域性股权市场贯彻落实浙江省"凤凰行动"计划的先导区和试验田。二是探索"一县一平台"服务县域经济发展取得新进展。浙股交充分利用"长兴科技板"试点经验,以贯彻落实浙江省"凤凰行动"计划为契机,以服务县域经济转型发展为抓手,依托浙股交与县域合作打造"一县一平台"的规划部署,建设"浙里凤凰"上市培育平台,将试点经验复制、推广,形成股改挂牌、规范培育、投资融资、上市并购等一条龙、立体式的股权业务服务体系,成为县域经济发展的新引擎。

(4)以常态化投融资对接为推手,引导社会资本聚力实体经济

一是联合深圳信息服务公司,建设"浙里融"路演平台,为具有创新能力、高成长潜力或拥有自主知识产权的挂牌企业,提供"现场＋网上"路演解决方案,高效对接全国创投资本,实现科技创新企业融资需求和投资机构偏好之间个性化、定制化的智能匹配和精准推送。截至 2021 年 6 月,浙股交已举办生物医药、人工智能、智能安防、少儿教育、物流仓储等专场路演 24 场,共服务 143 个科技人才项目,帮助企业对接省内外投资机构 863 家。路演企业中 23 个项目成功融资 5.29 亿元,12 个项目获得银行贷款 4850 万元。二是创新融资方式,努力帮助企业获取融资。浙股交以可转债、投联贷、质押融资为切入点创新融资产品,逐步提高融资服务能力。三是借助浙股交"浙里投"私募债权平台,创新海洋绿色金融产品,发行私募可转债,撬动社会资本,借助金融之力推进地方龙头企业发展,推进地方经济建设。

（5）以培育、发现好企业为目标，深耕"凤凰行动"上市培育工程

一是联合沪、深证券交易所建立"沪、深交易所国际人才板上市培育基地"，重点推动国际人才创设企业加快上市步伐。二是与上海证券交易所共同建设"上交所浙江上市培育企业储备库工程"，将符合一定标准的优质企业纳入上市培育工程，邀请上市培育专家开展一对一上市辅导，提供董秘培训、资源对接等服务，培育挂牌企业成为区域经济新增长的重要力量。目前已有17家企业获得浙股交与上交所联合发文，进入上市培育库。三是与中欧交易所签订战略合作协议，共同推动浙江制造企业对接德国工业4.0，赴境外融资。四是积极对接香港交易所，陪同走访"独角兽"企业，组织生物医药企业专场培训，了解香港新的上市政策。五是探索设立凤凰基金，助力"凤凰行动"。浙股交下属子公司通过中国证券投资基金业协会私募基金管理人资格备案，成功设立湖州市凤凰助力基金，认购规模20亿元；设立国际人才助力基金1亿元，并获得杭州市蒲公英天使投资引导基金配资；联合上市公司设立医药类并购基金2.5亿元等。基金业务开局良好，有效提升了浙股交服务中小微企业的辐射面和影响力。

2.下一步的做法打算

依据《国务院办公厅关于规范发展区域性股权市场的通知》的规定，紧紧围绕金融强省目标，建设以浙股交为核心的"1＋X"企业服务体系，并通过"一县一平台"的培育方式，充分前置金融服务，资本助力小微企业成长发展、加快上市，支持县域经济转型发展。未来五年，建设"5115企业成长工程"，力争完成企业挂牌5000家，股改1000家，拟上市培育100家，上市并购50家，使浙股交成为中小企业上市培育的孵化器。

（1）以浙股交为核心，构建浙股交集团体系

为进一步发挥区域性股权市场的规范培育作用，深化企业服务，成为培育广大中小微企业成长的新金融服务商，需要加速推进浙股交重组改制，进行集团化架构改造，调整优化业务布局。一是建设好一个核心，即浙股交。开展证监会赋予的业务，按照监管要求为中小微企业提供挂牌、股权托管、股权转让、股债融资、上市培育等服务。二是建设可持续发展的浙股集团，稳步发展市场化业务，为挂牌企业配套基金投资、人才小贷、金融培训以及供应链金融等提供增值服务。通过集团架构，为挂牌中小企业提供直接融资和间接融资服务。

（2）做大"成长板"，打造"浙里凤凰"上市培育工程

一是推动更多企业完成股份制改造，建立现代化法人治理架构，完善内部控制，促进企业规范运行。二是引导更多企业进场挂牌，发挥成长板挂牌的规范培育作用，通过辅导逐步进行信息披露，为企业的上市发展打下基础，建设企业上市梯队。三是帮助更多企业通过发行私募股票、私募可转债扩充资本，引进战略投资，备足"弹药"，健康发展。四是设立上市倍增板，以信息披露为抓手，培育一批有质量的企业，进入更高资本市场上市。

（3）做强"浙里融"，持续服务科技创新企业

一是以"浙里融"为依托，结合地方政府、科技金融部门、各类园区以及科技人才企业的实际需求，提供常态化路演服务。同时，扩大建设金融、技术、公司管理与资本市场的综合专家库，为高科技企业及时对接省内外知名投资机构、金融机构、产业资本以及专业咨询。待条件成熟，建设"浙里融"线上平台，有效提高项目对接效率与融资成功率。二是探索建设机构间转让平台。建立科创企业投资板块，试点推出投后项目路演、股权转让路演、新三板企业路演等，引导浙江省内外创投机构、上市公司进入平台投资与转让，逐步形成股权转让的机构间市场，实现区域性股权市场的估值定价功能。

（4）建设"人才小贷"，丰富中小微企业间接融资服务

在不断完善"挂牌贷""人才贷""知惠贷""投联贷"等产品的基础上，创设新的间接融资服务工具，申请经营小额贷款业务牌照，牵头组建全国首家专门服务人才挂牌企业的小贷公司，在为人才企业提供股权融资服务的同时，配套提供程序便捷、成本可控、无须抵押的债权融资服务。

（5）推广"一县一平台"，全面贯彻落实"凤凰行动"计划，培育经济发展新动能

县域经济是浙江省经济发展最为重要的基础和动力源泉，是创新发展的重要"实验车间"。在市县层面，复制"长兴科技板"经验，通过与县域政府合作，打造扶持中小微企业政策措施的综合运用平台，与合作县域开展投融资服务、特色板块建设、中小企业发展基金、上市培育、金融人才培训等业务，将浙股交服务产品逐步在县域落地生根，提供切实需要的金融服务，有效服务实体经济，促进经济转型升级。

（二）首批 19 家企业挂牌　为什么"科创助力板"落地浙江①

2020 年 8 月 11 日，上海证券交易所与浙江省股权交易中心共建的"浙江科创助力板"开板暨资本市场普惠金融服务基地启动仪式在浙江省嘉善县举行。首批 19 家企业在科创助力板挂牌。

此次打造科创助力板，浙江省将抢抓资本市场注册制改革和区域性股权市场创新试点契机，进一步深入实施"凤凰行动"计划，建设区域性股权市场中小微企业普惠服务体系，发挥区域性股权市场塔基作用，打通资本市场更好服务地方经济高质量发展"最后一公里"。

科创板拟上市企业的培育库

据了解，科创助力板定位为浙江省科创板拟上市企业的培育库，以规范培育、价值发现、综合服务为核心，以提升挂牌企业质量为目标，以股权融资和上市培育为重点，是科创板拟上市企业的预披露、预规范、预估价的服务平台，为浙江省优质科创企业进入资本市场赋能。

按照规定，科创助力板主要的服务对象为拥有关键核心技术，并主要依靠核心技术开展生产经营，具有较强成长性，符合一定财务估值指标（科创板上市标准的 0.5 及以上）的浙江省内科技创新类企业。科技含量极高、战略意义重大的科创企业，经浙股交审核同意后，可适当降低入板标准。

浙江明度智控科技有限公司（明度智控）是科创助力板首批挂牌企业之一。这是一家为药企提供覆盖研发、生产、物流的端到端数字化解决方案的企业，成立 3 年时间内，已经服务了上药集团、丽珠集团等 100 多家药企，覆盖中药、原料药、化学制剂、疫苗等生物制品。

2020 年 7 月 22 日，明度智控宣布完成 8000 万元 A＋轮融资，由浙商创投、招商局创投、拓金资本完成投资。此前，明度智控曾经获得国科嘉和、浙江国际协同创新研究院、红星美凯龙以及创新汇盈的 A 轮投资。

明度智控创始人、董事长葛亚飞表示："目前正在进入上市辅导阶段，计划

---

① 甘居鹏. 首批 19 家企业挂牌　为什么"科创助力板"落地浙江？［EB/OL］.（2020-08-11）［2021-06-06］. https：//tianmunews. com/news. html？id＝174474&source＝1.

申报科创板。在科创助力板挂牌,让上交所科创板更早、更及时地了解企业,更好地给一些指导。上板后也会引起资本市场的关注,有更好的知名度。"

浙江省嘉善县的爱德曼氢能源装备有限公司也是上板企业之一,是国内规模较大的研发和生产金属板燃料电池的公司,其产品包括氢燃料电池、氢燃料电池车船飞行器、氢气罐等。

爱德曼氢能源装备有限公司董事长徐黎明介绍,公司分别在 2016 年和 2018 年在浙江嘉善和广东南海建了生产线,累计生产投放了 300 多辆公交车和物流车运营。2019 年公司销售额达 2 亿元。

多方合力帮助企业加快上市

"如果把上市看成'上大学',那么科创助力板就相当于'预科班'。"在浙江股权交易中心总经理方伟看来,首批挂牌企业都是"尖子生",科创属性比较强。

2012 年 10 月,在证监会的支持和指导下,浙江省率先建立区域性股权市场,成立了浙江股权交易中心。截至 2020 年 6 月末,浙股交已有挂牌公司 1142 家,展示企业 7695 家,共计 8837 家;共推动 99 家企业转"新三板",5 家企业分别在沪、深交易所和港交所上市;实现各类融资 432.4125 亿元,累计股权转让 62.44 亿元。

作为多层次资本市场的重要组成部分,浙江股权交易中心建立分层分类挂牌服务体系,以特色板为抓手,在服务赋能、企业培育上下功夫,形成股改挂牌、培训、融资、上市培育等一揽子金融综合服务体系,在服务区域实体经济和中小微企业成长上走出了自己的特色之路,创造多个全国第一:第一个实践区域性股权市场服务县域经济并设立县域特色板,设立全国资本市场首个人才板,发行全国首单民营私募可转债,为挂牌企业提供"可转债+担保"直接融资服务,发起成立全国首个人才企业上市服务联盟等。

方伟介绍,浙股交按企业发展程度不同,划分为基础规范层、融资转让层、上市培育层,分别对应"小学""初中""高中",此次挂牌科创助力板的企业,可以看作"高中生",要"考大学"了。"挂牌后,企业能获得上交所、浙股交、银行等机构的赋能,地方政府也将会出台一些政策,来支持企业发展,多方合力帮助企业加快上市。"

具体来看,科创助力板挂牌企业能享受到规范培育、信息披露、融资服务、增信服务和退板管理等方面的服务。

浙江省将推动优质科创企业挂牌培育,引导、合力推动科创类企业在科创助力板挂牌;构建高效、便捷的上市服务机制,建立上市培育辅导对接机制,建立浙江省政府企业上市快速协调专项机制,并加强融资支持保障。

服务地方经济高质量发展

重视科技创新的浙江省,近几年发展新动能明显增强,频频结出了硕果。

数据显示,浙江省区域创新能力居全国第 5 位,综合科技进步水平居第 6 位,企业技术创新能力居第 3 位,知识产权和专利综合实力均居第 4 位,被列为全国首批技术创新工程建设试点省、全国首批创新型试点省、国家科技成果转移转化示范区。

从经济发展态势来看,浙江 2019 年生产总值突破 6 万亿元大关,经济创新动能不断增强,数字经济势头强劲,是国家数字经济创新发展试验区。浙江省地方资本市场建设处于全国前列,上市公司 458 家,数量居全国第 2 位,拥有良好的经济金融生态。

在这样的环境下,浙江诞生了众多优质的科创企业。

2019 年首批 25 家科创板上市企业中,浙江有 3 家,分别为杭可科技、容百科技和虹软科技。截至 2020 年 8 月,浙江共有 11 家科创板上市公司。

科创板为浙江省推进企业上市和并购重组“凤凰行动”计划注入了新内涵。浙江省积极对接科创板,在已排摸出的重点企业清单基础上好中选优,更多的浙江省企业正在冲刺科创板。

浙江省地方金融监管局相关负责人表示,此次首批挂牌企业重点往科创板上市方向培育。科创助力板是浙江省完善多层次资本市场,深化区域性股权市场创新试点的重要举措,致力于畅通资本市场服务实体经济的“最后一公里”,建立区域性资本市场与主板市场的有效机制,提升区域性股权市场服务企业的力度和质效。

在资本市场服务领域,浙江省始终走在全国前列。近年来,浙江省多层次金融体系不断完善,推动普惠金融向纵深发展。

我国中小微企业数量庞大,全国性证券交易场所远不能满足企业多元化融资、规范治理、转型升级等资本市场服务需求,亟须大力发展区域性股权市场,补齐多层次资本市场短板,加强对中小微企业的资本市场服务供给。

浙江省是民营经济大省,拥有众多中小微企业。此次开通科创助力板,是浙江省建设多层次资本市场的创新试点和重要一环,也是服务地方经济高质量发展的有效途径。

(三)坚持资本市场普惠金融服务　培育好企业:专访浙江省股权交易中心总经理方伟①

立足建好多层次资本市场塔基基础的浙江省股权交易中心(以下简称"浙股交"),挂牌企业超1200家,已推动100家企业转"新三板",4家企业分别在沪、深交易所和港交所上市;累计实现转让67.24亿元,各类融资439.95亿元。

浙股交有哪些特色服务?如何对接多层次资本市场?带着这些问题,证券时报记者专访了浙股交总经理方伟。

特色板块先行,解决企业融资难

证券时报记者:浙股交在特色道路的探索中创造了多个第一,请介绍下相关情况。

方伟:浙股交以"培育浙江好企业"为使命,建立分层分类挂牌服务体系,以特色板为抓手,形成股改挂牌、企业培训、股债融资、登记托管、上市培育等一揽子金融综合服务体系,在服务区域实体经济和中小微企业成长上走出了自己的特色之路,创造多个第一:设立全国首个区域性股权市场赋能县域经济的县域特色板,设立资本市场首个人才板,发行全国首单民营私募可转债,为挂牌企业提供"可转债＋担保"直接融资服务,发起成立全国首个人才企业上市服务联盟等,积极践行资本市场普惠金融服务向纵深发展。

浙股交对挂牌企业进行分类分层梳理,根据挂牌企业的不同发展阶段设置基础展示、融资转让、上市培育等不同层级,以建设特色板块为抓手,赋以多元化服务载体,以服务激活区域性股权市场功能,以实实在在的服务增强挂牌企

①　程丹. 坚持资本市场普惠金融服务　培育好企业:专访浙江省股权交易中心总经理方伟[EB/OL]. (2020-12-02) [2021-06-06]. https:// finance. sina. com. cn/roll/2020-12-02/doc-iizn-ezxs4711292. shtml.

业的获得感。

证券时报记者：在构建多层服务体系方面，浙股交有哪些探索？

方伟：浙股交以建设特色板块为抓手，培育优质中小微企业快速成长。截至 2020 年 9 月底，浙股交已建设人才板、生物医药板、浙大科技板等 9 个特色板块，共遴选 1032 家具有成长性的科创企业进行重点培育。如，人才板，于 2016 年 12 月 26 日鸣锣开板，针对海外高层次人才回国并在浙江创业的优质企业，也是浙江省服务支持人才创新创业的重要举措，目前已有 155 家企业被遴选入板，浙股交为入板企业提供股改挂牌、规范培育、融资等一系列服务，组建由知名券商、会所律所以及知名人士组成的人才企业上市服务联盟赋能国际人才板，沪、深交易所分别授予"国际人才板上市培育基地"称号，整合多层次资源一路陪护企业成长。

以解决融资难为服务重点，供给中小微企业发展持续动力。一是以可转债为切入点创新融资模式，先后开发了产业基金对接可转债、双创可转债等产品应用场景。2020 年，又创新了"可转债＋担保"模式，引进地方政策性担保机构为小微企业提供融资服务，提升了直接融资的可覆盖面和融资效率。自 2018 家首单可转债试点成功发行后，已帮助 37 家企业获得融资 30.15 亿元。二是与深圳证券交易所合作，倾力打造浙股交"浙里融"科技金融路演平台，为具有创新能力、高成长潜力和拥有自主知识产权的科技人才企业高效对接资本。截至 2020 年 9 月底，已为 472 家高科技企业提供"线上＋线下"路演服务，吸引 1491 家（次）投资机构、银行参加现场路演，线上对接全国创投机构、天使投资人 1649 家（人），帮助 38 个项目成功股权融资 11.87 亿元，24 个项目获得银行贷款 7780 万元。

打通县域经济发展"最后一公里"

证券时报记者：浙股交搭建了科创助力板，在探索区域性股权市场改革创新方面，有哪些途径？

方伟：2020 年 8 月，浙江省地方金融监管局、浙江证监局、上交所联合下发《浙江科创助力板建设方案》，方案中明确，浙江科创助力板是上交所与浙股交联合发起建设的科创板拟上市企业浙江培育板块。

2020 年 8 月 11 日，浙江科创助力板隆重开板，首批入板企业共 19 家，同日，科创板浙江培育中心也正式揭牌成立。浙股交为入板企业提供规范培育、信息披露辅导、询价路演、综合金融、科技属性评价、第三方增信等体系化服务,上交所、浙江省相关职能部门联合牵头提供推动优质科创企业挂牌培育、建立高效便捷的上市服务机制、建立上市辅导培育服务机制、建立上市快速协调专项机制等多项政策赋能,为浙江优质科创企业上市培育构建了联合的发展生态。

自开板 3 个月以来,科创助力板入板企业已增至 46 家,其中,1 家入板企业杭州美迪凯光电科技股份有限公司向上交所提交注册上市申请并成功过会,1 家企业已在提交科创板注册上市的申请中,成为浙江科创企业上市培育的重要通道。

证券时报记者:浙股交打通资本市场赋能县域经济发展"最后一公里",做了哪些工作?

方伟:2016 年 9 月,浙股交与长兴县政府联合共建"长兴科技板",后更名为"太湖科技板",为长兴县的企业提供专板培育,开启了区域性股权市场功能下沉到县域,为县域实体经济创新高质量发展提供资本市场赋能的"接地气"模式,成为全国首个将区域性资本市场服务功能下沉到县域经济的创新典范,也为推动资本市场普惠服务向县域渗透提供可实现路径。

太湖科技板以"政府扶持政策配套+区域性股权市场服务定制"的合作模式为基础,围绕"培育一批、股改一批、上市一批"的目标,共同为长兴县当地中小微企业成长提供"家门口"的一揽子上市培育等资本市场综合服务。太湖科技板探索推出了企业可转债、股权融资、股票发行等融资工具,积极探索投贷联动模式,帮助挂牌企业及重点项目配套融资 40 亿元,并在全省首创"凤凰计划"资本市场培育师。2020 年 8 月,太湖科技板已有挂牌展示企业 176 家,已推动板块内 72%的挂牌展示企业完成了股份制改造,其中 5 家企业已转至新三板挂牌,1 家企业赴港交所上市,3 家企业进入上市辅导期,拟上市重点培育企业 15 家。

通过太湖科技板的创新探索,浙股交逐步清晰赋能县域经济高质量发展的实现路径,打造"一县一平台"赋能工程,以"一个特色板+一个产业园+一只产业基金+一揽子扶持政策"为合作基本框架,与县域合作,通过浙股交平台导入资本市场优质资源,为各地中小微企业提供线上挂牌、线下培育的高效、集聚、品质化的培育服务体系。如今,浙股交与嘉善县、安吉县等浙江省内多个县域开展"一县一平台"合作,真正打通了资本市场赋能县域经济高质量发展的"最后一公里"。

第六章
科技担保市场

一、科技担保市场概述

科技担保市场是为科技型中小企业提供专业化金融服务的融资担保公司集合体。为了有效破解"轻资产、重创意、高风险"科技型中小企业的融资难问题，地方政府、银行业金融机构、融资担保公司等政府机关或金融机构就应通力协作，政府促进体系、科技信贷市场、科技担保市场等科技金融子体系或子市场都应加强建设。与政府促进体系、科技信贷市场一样，科技担保市场也是科技金融服务体系的重要组成部分。

(一)定义与分类

担保是指"法律为确保特定的债权人实现债权，以债务人或第三人的信用或者特定财产来督促债务人履行债务的制度"。根据业务属性，担保可分为融资担保和非融资担保。其中，融资担保是指"担保人为被担保人借款、发行债券和其他债务融资提供担保的行为"。所谓融资担保公司，是指"依法设立、经营融资担保业务的有限责任公司或者股份有限公司"，可分为政府性融资担保公司和民营融资担保公司。政府性融资担保公司是指由政府及其授权机构出资但同时也吸收部分社会资金成立的融资担保公司，一般不以营利为目的，其资金来源主要有政府财政预算拨付、国有土地及其他资产划拨、政府信用担保金、再担保准备金、会员风险保证金、国内外捐赠等；民营融资担保公司是指以民营企业或社会个人为股东出资组建的融资担保公司，一般以营利为目的，实行商业化运作并兼营投资、咨询、顾问、培训等其他业务。鉴于科技担保市场是为科技型中小企业提供专业化金融服务的融资担保公司集合体,科技担保公司也可分为政府性科技担保公司和民营科技担保公司,而科技担保市场则是政府性科技担保公司和民营科技担保公司集合体。

(二)我国科技担保市场发展实践

我国政府性融资担保公司一般是以服务小微企业和"三农"主体为主要经营目标的融资担保公司。虽然我国政府性融资担保公司数量比较多且其服务的小微企业和"三农"主体也包含科技型中小企业,但是,专门服务科技型中小企业的政府性科技担保公司还比较少,与此相对应的,以服务科技型中小企业为主要经营目标的民营科技担保公司也比较少。总体而言,我国科技担保市场尚处于初步发展阶段,亟须大力发展专门服务科技型中小企业的政府性科技担保公司和民营科技担保公司。下面以安徽省科技担保体系为例对我国科技担保市场发展实践进行实证分析。

在过去的几年里,安徽省深入实施了"创新驱动发展战略",其科技型中小企业的创新活跃度走在全国前列,其较为完善的科技担保体系则成为支持科技型中小企业发展的重要举措。2018年,安徽省成立安徽省科技融资担保工作联席会议。此联席会议机构是由安徽省科技厅牵头并由安徽省财政厅、安徽省地方金融监管局和安徽省信用担保集团组成。为了稳步推进科技担保业务发展,此联席会议机构按照"依托现有政策性担保体系,强化再担保和风险补偿,实行专业化运营、单独统计、单独考核"的思路和原则构建了科技担保服务网络系统。在省级层面,此联席会议机构由安徽省信用担保集团设立了安徽省科技融资担保公司;在市、县级层面,此联席会议机构采用因地制宜方式,在六个县(市、区)成立了地方专业科技担保公司;在科技型中小企业相对密集的地区,此联席会议机构指导安徽省科技融资担保公司设立分公司,市、县级专业科技担保公司设立科技担保部。根据科技型中小企业的特点和需求,安徽省准确地将科技担保服务融入科技型中小企业的初创阶段,为其提供并创新科技担保产品。例如,根据科技型中小企业的实际经营情况灵活设置反担保措施,创新"无抵押、低成本、高效率、全链条"的"科融通"模式以提升其融资成功率;又如,针对科技型中小企业的不同发展阶段灵活设置担保额度和担保费率,规定科技型初创企业的担保费率不高于 1%;再如,根据科技型中小企业的不同融资需求,不断推出"四板科保计划""徽科计划""科技贷""雏鹰贷""瞪羚贷""青创+计划"等一系列具有地方特色的金融产品和金融服务。而且,安徽省政府、银行和担保机构合作共建了"风险池基金",采用批量担保、联合尽调和独立评审相结合的方式,共同开发科技担保产品并按照一定比例共担风险。同时,鉴于科技型中小企业的高成长性,安徽省也积极探索支持科技型中小企业的投保联动模式,致力于为科技型中小企业提供全生命周期的科技金融服务。总体而言,安徽省已基本实现省、市、县三级科技担保体系全覆盖。

(三)国际科技担保市场发展实践

美国有发达的风险投资市场和健全的科技资本市场,也有发达的科技信贷市场。而且,美国还有较为完善的中小企业信用担保体系。此担保体系主要由三个层级构成:一是全国性小企业信用担保体系,是由美国小企业管理局直接管理的;二是区域性信用担保体系,是由地方政府直接管理的;三是社区性信用担保体系。其中,美国小企业管理局是美国最为主要的融资担保机构。除了美国,日本、德国、英国、以色列、韩国、印度等其他国家也都有较为完善的中小企业信用担保体系。虽然中小企业也包含科技型中小企业,中小企业信用担保体系也属于科技担保市场的重要组成部分,但是,总体而言,国际上严格意义上的专门服务科技型中小企业的科技担保市场还不够成熟。下面以韩国技术信用担保基金为例对国际科技担保市场发展实践进行实证分析。

韩国在 20 世纪七八十年代曾经创造了举世瞩目的"汉江奇迹"。不可否认的一点是,对科技型中小企业的管理与服务应是韩国创造此奇迹的重要举措。为解决科技型中小企业的融资难问题,韩国政府曾经出台了《韩国技术金融公司法》《韩国信贷担保基金法》等一系列科技金融类政策法规。在发展实践中,尤其值得一提的是,1989 年 3 月,韩国政府成立了韩国技术信用担保基金(Korea Technology Credit Guarantee Fund,KOTEC)。此担保基金是韩国政府根据《新技术企业财务援助法》从韩国信用保证基金中分离出来的,后来又更名为 KIBO。KIBO 是一家为科技型中小企业提供融资担保服务的非营利性政府附属机构,其资金主要来自政府的依法拨款及金融机构的依法捐助。KIBO

由政策委员会和执行董事会组成,总部设有 11 个行政部门,如数字金融部门、技术评估部门、创新投资部门等;设有 1 个中央技术评估机构和 59 个技术评估分中心;设有 1 个风险投资中心和 4 个信用管理机构;在韩国全境设有 7 个区域总部。KIBO 的核心业务是为科技型中小企业提供融资担保服务或科技担保服务,如科技创业担保、科技创新担保、科技成果鉴定担保等。除此之外,KIBO 还提供科技成果评估、科技成果转化、知识产权保护、股权私募投资基金、创业风险投资、融资租赁、索赔管理等。根据申请企业的信用等级、担保金额以及担保期限的不同,KIBO 的年担保费率在 0.5%～3% 波动。一般而言,KIBO 为科技型中小企业提供最高不超过 30 亿韩元的技术信用担保资金,而当被担保企业能相应地满足它的一些特别要求时,此基金还可提供 50 亿韩元、70 亿韩元和 100 亿韩元等不同等级的技术信用担保资金。比如,满足以下四项条件,则可获得 KIBO 50 亿韩元的技术信用担保资金:①与产业研究机构合作;②技术价值由技术评估中心进行评估;③以买方信贷和信用卡购买法律指定的材料和服务;④由 KIBO 认定为技术密集型的科技型中小企业。

KIBO 的运作流程主要包括以下 6 个环节:①贷款申请,可通过电话、网络或到 KIBO 的技术评估中心进行申请;②初步筛选,通过与申请人进行交流,初步了解申请企业的技术业务状况,以选出符合要求的申请企业,便于进行更深入的调查分析;③资料收集,收集必要的文件资料,如申请企业的技术业务计划书、企业发展规划、经营业绩报告等;④详细调查,KIBO 的技术及管理专家对申请企业的研发能力、生产能力、管理体系等进行深入细致的调查分析;⑤评价评估,对申请企业的技术规划、业务增长状况、资信状况等进行评价评估,以确定是否同意申请企业的担保保证;⑥材料发放:发放信用担保函,签订担保协议,担保机构向银行发送电子信用卡日保函。截至 2019 年年末,KIBO 的担保余额为 22.11 万亿韩元,累计为韩国 8.3 万家科技型中小企业提供 367 万亿韩元融资担保支持。KIBO 与韩国信用担保基金、韩国信用保证基金 3 个全国性担保基金及 16 家地方性担保基金共同组成韩国完善的政策性科技担保体系。

二、浙江省科技担保市场发展实践

截至 2020 年年末,在浙江省 370 家融资担保公司中,科技担保公司总共只有 4 家,其中杭州和湖州各有 2 家。但是,杭州高科技融资担保有限公司还是走在全国政府性科技担保公司的前头,其发展经验值得借鉴。下面阐述此公司的情况以期"窥一斑而知全豹"。

2006 年 4 月,杭州高科技融资担保有限公司以注册资本 1.45 亿元成立。自成立以来,此公司一直致力于为杭州市内科技型中小企业提供融资担保服务,相继推出了"联合天使担保"、担保期权、知识产权质押、订单质押、应收账款质押、政策性拨款预担保(基金宝)、等额(分期)还款、跟进保证贷款等科技担保产品。其中,"联合天使担保"是当风险池基金项目发生代偿时,由此公司、杭州市辖内各区县科技部门和银行按照 4∶4∶2 的比例共同承担风险的一种科技担保产品;担保期权是此公司与科技型中小企业共同安排股份期权并与其协商股份期权的行权价格和行权期限的一种科技担保产品;政策性拨款预担保(基金宝)是此公司考虑到国家政策性拨款或创新基金等政府资助补贴可能存在已获批复但资金拨付到位还有一段时间而企业资金需求迫切的情况,科技型中小企业可以根据批复文件申请融资担保,提前获取相应额度的信贷,从而加快其融资速度并提高其融资效率的一种科技担保产品。截至 2022 年 5 月底,此公司累计融资担保金额超 150 亿元,服务企业超 4000 家(次),培育了 9 家上市公司、4 家"独角兽"企业和 60 余家"准独角兽"企业。尤其值得一提的是,此公司落地的两个项目——全国首批基于区块链数据知识产权质押贷款和全省首单知识产权证券化成功入选 2021 年度浙江省知识产权金融创新十大典型案例。如今,此公司已成为我国规模最大、运作最规范、口碑最好的政府性科技担保公司之一。例如,国家开发银行在深圳和杭州两个城市试点为科技型中小企业发放贷款,其中,在杭州,它就与此公司达成独家战略合作并在 2019 年 6 月底发放第一笔贷款,截至 2020 年 12 月,两者合作累计服务企业 46 家(次),累计发放贷款 5.31 亿元,平均融资成本率 4.2%;又如,2020 年 4 月 10 日,杭州市中小微外贸企业政策性融资模式"杭信贷"正式上线,而此公司则负责杭信贷的协议审核、本金赔付等事宜。

三、结论与建议

（一）结论

（1）我国科技担保市场尚处于初步发展阶段，亟须大力发展专门服务科技型中小企业的政府性科技担保公司和民营科技担保公司。

（2）美国、日本、德国、英国、以色列、韩国、印度等国家都有较为完善的中小企业信用担保体系，但严格意义上的专门服务科技型中小企业的科技担保市场还不够成熟。

（3）杭州高科技融资担保有限公司走在全国政府性科技担保公司的前头，其发展经验值得借鉴。

（二）建议

1.应构建完善省、市、县三级联动的科技担保体系

如前所述，安徽省已基本实现省、市、县三级科技担保体系全覆盖。因此，浙江省应向安徽省看齐，构建完善省、市、县三级联动的科技担保体系。具体而言，在省级层面，浙江省应成立省级政府性科技担保公司；在市、县级层面，浙江省应通过出资新设、控股参股、增资扩股、兼并重组等方式设立一批市、县级政府性科技担保公司，或鼓励将符合条件的中小企业担保基金、信保基金、风险池基金改组为政府性科技担保公司，或设立省级政府性科技担保公司的分公司或事业部。而且，无论是省级还是市、县级，上述政府性科技担保公司都应积极探索政、银、担三方共同参与的风险池基金合作模式和省、市、县政府性科技担保公司的分保、联保模式，都应建立健全公司内部控制制度并加强公司风险管理体系建设。鉴于政府性科技担保公司是缓解科技型中小企业"融资难、融资贵"问题行之有效的政策工具和制度安排，浙江省应大力扶持政府性科技担保公司以充分发挥其"准公共产品"的正外部性作用并鼓励发展民营科技担保公司以建立健全政府引导、民间资金共同参与的科技担保体系。

2. 应在各地级市推动建立像杭州高科技融资担保有限公司那样的政府性科技担保公司

杭州高科技融资担保有限公司走在全国政府性科技担保公司的前头,其发展经验值得借鉴。因此,浙江省应在各地级市推动建立像杭州高科技融资担保有限公司那样的政府性科技担保公司。浙江省共有 11 个地级市,其中的杭州市、宁波市、温州市和湖州市均被确定为国家促进科技和金融结合试点城市。考虑到实际情况和建设难度,可先在杭州市、宁波市、温州市和湖州市通过出资新设、增资扩股、控股参股、兼并重组等方式发展一批地级市政府性科技担保公司,再扩展到其他地级市。这些地级市政府性科技担保公司应致力于专门为科技型中小企业提供专业化金融服务,扩大为其提供专业化金融服务的规模并保持较低的费率水平,应像杭州高科技担保有限公司那样开发出符合科技型中小企业融资需求的科技担保产品体系。

3. 应在全省范围内鼓励发展民营科技担保公司

科技担保公司为科技型中小企业所提供的融资担保服务具有准公共产品属性。为了充分发挥准公共产品的正外部性,浙江省政府一方面要推动建立省、市、县级政府性科技担保公司,另一方面也要在全省范围内鼓励发展民营科技担保公司。无论是政府性科技担保公司还是民营科技担保公司,浙江省政府都应坚持市场化运作,发挥市场在资源配置中的决定性作用,鼓励其按照市场规律积极创新发展,提倡其跳出传统融资性担保业务范围,采用"投担结合"的经营模式开展风险投资业务并开发出诸如"创业担保""担保换期权""担保分红"等系列科技担保产品。

四、本章附录

(一)《国务院关于促进融资担保行业加快发展的意见》(2015)①

融资担保是破解小微企业和"三农"融资难、融资贵问题的重要手段和关键

---

① 国务院. 国务院关于促进融资担保行业加快发展的意见[EB/OL]. (2015-08-13)[2021-06-06]. https://www.zj.gov.cn/art/2015/8/13/art_1229423058_1943665.html.

环节,对于稳增长、调结构、惠民生具有重要作用。为主动适应融资担保行业改革转型要求,促进行业加快发展,更好地服务经济社会发展大局,现提出以下意见:

1. 总体要求

(1)指导思想。全面贯彻党的十八大和十八届二中、三中、四中全会精神,认真落实党中央、国务院决策部署,以缓解小微企业和"三农"融资难、融资贵为导向,以大力发展政府支持的融资担保和再担保机构为基础,以有针对性地加大对融资担保业的政策扶持力度为抓手,加快发展主要为小微企业和"三农"服务的新型融资担保行业,促进大众创业、万众创新。

(2)基本原则。一是坚持政策扶持与市场主导相结合。对于服务小微企业和"三农"等普惠领域、关系经济社会发展大局的融资担保业务,尊重其准公共产品属性,政府给予大力扶持;对于其他融资担保业务,鼓励其按照市场规律积极创新发展,发挥市场在资源配置中的决定性作用。二是坚持发展与规范并重。加快行业法治建设,推进科学监管,促进融资担保机构合规经营,在严守风险底线的同时为发展预留空间;坚持发展导向,以规范促发展,把握好规范经营与创新发展的平衡。

(3)发展目标。推进融资担保机构"减量增质"、做精做强,培育一批有较强实力和影响力的融资担保机构,基本形成数量适中、结构合理、竞争有序、稳健运行的机构体系;省级再担保机构三年内基本实现全覆盖,研究设立国家融资担保基金,完善银担合作模式,建立健全融资担保业务风险分散机制;小微企业和"三农"融资担保业务较快增长,融资担保费率保持较低水平,小微企业和"三农"融资担保在保户数占比五年内达到不低于60%的目标;出台《融资担保公司管理条例》及配套细则,基本形成适合行业特点的监管制度体系;持续加大政策扶持力度,形成以小微企业和"三农"融资担保业务为导向的政策扶持体系。

2. 发挥政府支持作用,提高融资担保机构服务能力

(1)大力发展政府支持的融资担保机构。以省级、地市级为重点,科学布局,通过新设、控股、参股等方式,发展一批政府出资为主、主业突出、经营规范、实力较强、信誉较好、影响力较大的政府性融资担保机构,作为服务小微企业和

"三农"的主力军,支撑行业发展;支持专注服务小微企业和"三农"、有实力的融资担保机构开展兼并重组,发挥资本、人才、风险管理、业务经验、品牌等方面的优势,做精做强,引领行业发展;以开展小微企业和"三农"融资担保业务为标准,加大扶持力度,支持融资担保机构扩大业务规模。

(2)加强融资担保机构自身能力建设。融资担保机构是行业发展的基础和关键,要加强自身能力建设,按照信用中介的内在要求,经营好信用,管理好风险,承担好责任,提升实力和信誉,做精风险管理;坚守融资担保主业,发展普惠金融,适应互联网金融等新型金融业态发展趋势,大胆创新,积极探索,为小微企业和"三农"提供丰富产品和优质服务,促进大众创业、万众创新;发挥"接地气"优势和"放大器"作用,为客户提供增值服务,提升客户价值,形成独特核心竞争力。

3.发挥政府主导作用,推进再担保体系建设

(1)加快再担保机构发展。研究设立国家融资担保基金,推进政府主导的省级再担保机构基本实现全覆盖,构建国家融资担保基金、省级再担保机构、辖内融资担保机构的三层组织体系,有效分散融资担保机构风险,发挥再担保"稳定器"作用。

(2)完善再担保机制。发挥政府政策导向作用,研究论证国家融资担保基金通过股权投资、技术支持等方式,支持省级再担保机构发展。各省(区、市)人民政府要按照政府主导、专业管理、市场运作的原则,推动省级再担保机构以股权投资和再担保业务为纽带,构建统一的融资担保体系;完善再担保机制,提升辖内融资担保机构的管理水平和抗风险能力,统一管理要求和服务标准,扩大小微企业和"三农"融资担保业务规模。

(3)改进完善对政府性融资担保和省级再担保机构的考核机制。对政府性融资担保机构,地方各级人民政府要结合当地实际降低或取消盈利要求,重点考核小微企业和"三农"融资担保业务规模、服务情况;对省级再担保机构,坚持保本微利经营原则,不以营利为目的,在可持续经营前提下,着力降低融资担保和再担保业务收费标准。

4.政、银、担三方共同参与,构建可持续银担商业合作模式

(1)建立政、银、担三方共同参与的合作模式。各省(区、市)人民政府要发

挥作用,加大投入,积极探索适合本地区实际的政、银、担合作机制,鼓励有条件的地方设立政府性担保基金,实现小微企业和"三农"融资担保风险在政府、银行业金融机构和融资担保机构之间的合理分担;推动以省级再担保机构为平台与银行业金融机构开展合作,对银行业金融机构担保贷款发生的风险进行合理补偿,推动建立可持续银担商业合作模式。

(2)完善银担合作政策。银行业金融机构要根据政策导向,按照商业可持续、风险可防控原则,主动对接,简化手续,积极扩大、深化银担合作;在与省级再担保机构达成的合作框架下,对合作的融资担保机构,按照市场化原则,提供风险分担、不收或少收保证金、提高放大倍数、控制贷款利率上浮幅度等优惠条件;改进绩效考核和风险问责机制,提高对小微企业和"三农"融资担保贷款的风险容忍度。对银行业金融机构不承担风险或者只承担部分风险的小微企业和"三农"融资担保贷款,可以适当下调风险权重。

(3)优化银担合作环境。中国融资担保业协会、中国银行业协会要在有关部门指导下,加快开展融资担保机构信用记录工作;银行业金融机构、再担保机构要根据信用记录,对合作的融资担保机构进行差异化管理,提高风险控制水平;银行业金融机构、再担保机构、融资担保机构要充分利用企业信用信息公示系统,促进银担合作稳健发展。

5.有效履行监管职责,守住风险底线

(1)加快监管法治建设。融资性担保业务监管部际联席会议要加强制度建设,推动《融资担保公司管理条例》尽快出台,完善融资担保监管法规体系;加大监管指导和监督力度,切实维护监管法规政策的统一性、权威性,确保有法必依、执法必严、违法必究;加强行业基础设施建设,建立统一的行业信息报送和监测系统,加强对重点地区和领域风险的监测和预警;对监管部门履职情况进行评价,指导地方人民政府及时妥善处置风险事件;对失信、违法的融资担保机构建立部门动态联合惩戒机制。

(2)明晰地方监管责任。各省(区、市)人民政府作为监管责任主体,要重视监管工作,加强人力、物力、财力等监管资源配备;处理好发展与监管的关系,一手抓发展,一手抓监管,两手都要硬。地方监管部门要创新监管机制和手段,积极探索实施分类监管,推进监管信息化建设,加强部门间信息互联共享和监管协同,提高监管有效性;对于辖内融资担保重大风险事件,要及时上报,妥善处置,坚决守住不发生区域性系统性风险的底线。

(3)加强行业自律和人才建设。中国融资担保业协会要加强行业自律建设,积极承担部分行业管理职能,在行业统计、机构信用记录管理、行业人才培养和文化建设等方面发挥重要作用,为行业监管提供有效补充;制订科学合理的人才培养、储备和使用的战略规划,研究制定从业人员管理制度,提高人员素质,推进队伍建设。

6.加强协作,共同支持融资担保行业发展

(1)落实财税支持政策。落实好融资担保机构免征营业税和准备金税前扣除等相关政策。综合运用资本投入、代偿补偿等方式,加大对主要服务小微企业和"三农"的融资担保机构的财政支持力度。

(2)营造支持发展的良好环境。进一步研究完善相关企业会计准则,保证融资担保行业会计信息质量;健全融资担保机构信用记录,并纳入国家统一的信用信息共享交换平台;规范、有序地将融资担保机构接入金融信用信息基础数据库,加强信用管理;依法为融资担保机构进行抵(质)押登记,并为其债权保护和追偿提供必要协助,维护融资担保机构合法权益。各省(区、市)人民政府要继续开展对非融资担保公司的清理规范,加强管理,建立长效机制。

各地区、各有关部门要充分认识促进融资担保行业加快发展的重要意义,加强协调,形成合力。各有关部门要根据本意见要求,按照职责分工,抓紧制定相关配套措施,确保各项政策措施落实到位。各省(区、市)人民政府要制定促进本地区融资担保行业发展的具体方案并尽快组织实施。

(二)《浙江省人民政府关于推进政策性融资担保体系建设的意见》(2015)①

为深入贯彻落实《国务院关于促进融资担保行业加快发展的意见》(国发〔2015〕43号)、《国务院关于扶持小型微型企业健康发展的意见》(国发〔2014〕52号)、《国务院办公厅关于多措并举着力缓解企业融资成本高问题的指导意见》

---

① 浙江省人民政府.浙江省人民政府关于推进政策性融资担保体系建设的意见[EB/OL].(2015-10-09)[2021-06-06].https://www.zj.gov.cn/art/2015/10/9/art_1229017138_64092.html.

(国办发〔2014〕39 号)和全国促进融资性担保行业发展经验交流电视电话会议精神,进一步发挥政府在融资担保体系建设中的引导作用,切实缓解小微企业融资难、融资贵问题,加大"三农"支持力度,加快实施"小微企业三年成长计划",现就推进浙江省政策性融资担保体系建设提出如下意见:

1. 总体目标

坚持"政府主导、市场运作,统分结合、抱团增信,管理科学、运营规范"的原则,整合优化现有融资担保服务资源,通过增信服务机制、风险共担机制、风险补偿机制、信息发现机制和绩效考核机制等制度设计,健全完善以政府性融资担保机构为主、其他融资担保机构为补充,主要为小微企业和"三农"服务的全省政策性融资担保体系,着力改善小微企业和"三农"融资环境,促进大众创业、万众创新,为全省经济转型升级注入强劲动力。

2. 建立健全科学规范的政策性融资担保体系

(1)坚持政策导向。纳入政策性融资担保体系的融资担保机构要根据政策性、普惠性和可持续发展的定位,坚持以扶持小微企业发展、服务"三农"为出发点和落脚点,为缺乏抵押物、自身信用等级不足的小微企业和"三农"融资担保增信;对单户小微企业贷款(含个人经营性贷款)和"三农"贷款担保额原则上不超过 500 万元,担保费率原则上不高于 1.5%。力争到 2020 年,全省小微企业和"三农"融资担保在保户数占融资担保在保总户数的比例不低于 75%。

(2)鼓励各地大力发展政府性融资担保机构。各地要科学规划布局,通过出资新设、增资扩股、兼并重组等方式,发展壮大一批主业突出、经营规范、实力较强、信誉较好、影响力较大的政府性融资担保机构,作为服务小微企业和"三农"发展的主力军。鼓励各地将符合条件的小微企业担保基金、信保基金、风险池基金改组为政府性融资担保机构。

(3)加快组建省级政府性融资担保公司。在省中小企业再担保公司的基础上,由省财政增资 20 亿元,新组建省级政府性融资担保公司,履行省级政府性融资担保机构和省级再担保机构的职责,助推全省政策性融资担保体系建设,发挥再担保的增信、分险和稳定器作用,增强全省融资担保行业抗风险能力。

(4)进一步推进融资担保机构规范发展。融资担保机构要进一步加强自身能力建设,不断完善业务标准和操作流程,做精风险管理,提升规范化水平、业务拓展能力和抗风险能力,并及时向合作银行充分披露经营管理等信息,及时履行代偿义务。要坚守融资担保主业,发展普惠金融,适应互联网金融等新型金融业态发展趋势,积极探索,大胆创新,为小微企业和"三农"提供丰富多样的产品和服务,不断提升服务质量和水平。要严格做到"三严格、三不准",即严格保证金管理,不准高额收取、挪用或占用客户保证金;严格规范收费,不准收取担保费用之外的其他费用;严格贷款流向管理,不准占用客户贷款。各地要积极引导社会资本进入融资担保行业,鼓励融资担保机构通过增资扩股、引进战略投资者、兼并重组、上市挂牌等方式增强资本实力,促进其规范健康发展。

3. 积极创新政策性融资担保体系的服务模式

(1)探索政府性融资担保机构市场化运营机制。各地要坚持政策性定位和市场化运作相结合,推动政府性融资担保机构加强现代企业制度建设,积极引入市场化机制,探索由市场化专业团队负责具体经营管理的运营模式,并通过相关制度设计切实防控风险。要完善考核机制,降低或取消对政府性融资担保机构的盈利要求,适当提高代偿风险容忍度,鼓励扩大业务规模,降低担保业务收费。

(2)创新政策性融资担保体系增信服务机制。省级政府性融资担保公司要明确定位,充分发挥行业龙头作用,组织市县融资担保机构共同建立全省政策性融资担保服务网络,并与银行业金融机构、市县融资担保机构建立公平合理的风险分担机制;充分利用企业信用信息公示系统,建立全省政策性融资担保体系业务数据库,汇集全省政策性融资担保服务的小微企业和"三农"信用信息数据,为各类融资担保机构提供服务。

(3)完善再担保的增信分险机制。省级政府性融资担保公司和各地再担保机构要强化再担保功能,大力发展再担保业务,不断提高再担保覆盖率,对符合条件的融资担保机构,积极提供承担连带责任的比例再担保和一般保证责任再担保,有效分散风险,提升融资担保机构的管理水平和抗风险能力,扩大小微企业和"三农"融资担保业务规模。鼓励各地探索建立"担保+保险"等多种方式的风险分散机制。鼓励融资担保机构之间开展联保、分保、反担保等多种方式合作。

4.进一步加强银担合作

(1)银行业金融机构要主动作为。要根据政策导向,按照"自愿平等、互信互利、长期稳定、风险可控"的银担合作模式,主动参与全省政策性融资担保体系建设,加大与融资担保机构的业务合作力度。要按照市场化原则,提供不收或少收保证金、提高放大倍数、控制贷款利率上浮幅度等优惠条件;改进绩效考核和风险问责机制,提高对小微企业和"三农"融资担保贷款的风险容忍度。银行业金融机构不得要求融资担保机构以贷转存、存贷挂钩、借贷搭售,不得在业务保证金之外收取其他保证金等。

(2)切实深化银担合作。各地要将银行业金融机构参与全省政策性担保体系建设情况纳入金融机构支持地方经济社会发展的考核评价范围。融资担保行业监管部门要会同银行业监管部门建立推进银担合作的常态化工作机制,积极搭建政、银、担三方沟通平台,重点推动解决银担合作中涉及的信息共享、合作准入、风险分担和担保机构资本金、客户保证金管理等问题,推动建立可持续银担商业合作模式。

5.加大政策扶持力度

(1)加大融资担保机构风险补偿力度。充分发挥财政政策引导作用,省财政对符合条件的融资担保机构开展的小微企业和"三农"融资担保业务给予适当风险补偿。具体使用和管理办法由省财政厅会同省经信委、省金融办另行制定。各市、县(市、区)财政要根据实际情况加大风险补偿力度。

(2)建立省级政府性融资担保公司绩效评价及风险补偿机制。要根据政策目标导向,开展对省级政府性融资担保公司的绩效考核评价,省财政根据绩效情况对其开展的政策性融资担保体系内的担保业务风险给予适当补偿。具体办法由省金融办会同省经信委、省财政厅另行制定。

(3)营造支持发展的良好环境。征信管理部门要规范、有序将符合条件的融资担保机构纳入征信系统;有关部门要落实对融资担保机构免征营业税和准备金税前扣除等政策,依法为其开展抵(质)押登记,提供债权保护和追偿协助,维护其合法权益。

(4)建立推进政策性融资担保体系建设工作机制。成立由省政府分管领导任组长,省经信委、省财政厅、省金融办、省工商局、人行杭州中心支行、浙江银监局、浙江保监局等部门负责人组成的全省政策性融资担保体系建设工作领导小组,组织领导和统筹协调全省政策性融资担保体系建设工作,领导小组办公室设在省金融办。各地也要建立相应的工作协调机制,落实部门职责,制定和完善政府性融资担保机构建设方案、考核机制、风险补偿办法。

(三)全国首批!高科技担保入选浙江省知识产权金融创新十大典型案例①

浙江省市场监管局通报了 2021 年度浙江省知识产权金融创新十大典型案例,杭州市科技局下属单位杭州高科技担保有限公司(以下简称"高科技担保")落地的 2 个项目全国首批基于区块链数据知识产权质押贷款和全省首单知识产权证券化成功入选。

早在 2021 年 9 月 9 日,浙江省就发布了《浙江省知识产权金融服务"入园惠企"行动方案(2021—2023 年)》,正式上线了全国首个知识产权区块链公共存证平台——"浙江省知识产权区块链公共存证平台",并举行了全国首张知识产权公共存证证书颁发仪式和首批基于区块链的数据知识产权质押融资签约仪式。

会上,蔚复来(浙江)科技股份有限公司、浙江凡聚科技有限公司和浙江省知识产权研究与服务中心进行了全国首单区块链的数据资产质押贷款协议现场签约仪式。其中,蔚复来(浙江)科技股份有限公司将垃圾分类运营活动产生的环保测评数据,存至区块链存证平台,高科技担保为其增信,通过数据资产质押形式,帮助其获得杭州银行科技支行 500 万元授信。

2021 年 12 月 31 日,浙江省首单知识产权证券化产品在深圳证券交易所完成了首期发行。项目入池的基础资产基于杭州未来科技城区域内 12 家高新技术企业共计 195 件授权专利,涵盖人工智能、高端装备制造、生物医药等多个产业领域,其中发明专利 63 件,实用新型专利 132 件,评估价值共计 1.445 亿元。高科技担保作为资产端担保方为此次知识产权证券化产品提供全额信用担保。

---

① 全国首批!高科技担保入选浙江省知识产权金融创新十大典型案例[EB/OL].(2022-05-26)[2022-12-06]. http://finance.xjche365.com/kx/20220526/129315.html.

据统计,截至 2022 年 5 月,杭州高科技融资担保有限公司累计担保金额超150 亿元,服务企业超 4000 家(次),培育了 9 家上市公司、4 家"独角兽"企业和60 余家"准独角兽"企业。

第七章
科技保险市场

一、科技保险市场概述

科技保险市场是为科技型中小企业提供专业化金融服务的保险公司集合体。为了有效破解"轻资产、重创意、高风险"科技型中小企业的融资难题,地方政府、银行业金融机构、融资担保公司与保险公司就应通力协作,政府促进体系、科技信贷市场、科技担保市场与科技保险市场都应加强建设。与政府促进体系、科技信贷市场、科技担保市场一样,科技保险市场也是科技金融服务体系的重要组成部分。

(一)定义与分类

"科技保险"的概念由我国首创。① 随着科技型中小企业的蓬勃发展,通过科技保险分散转移科技型中小企业从事科技创新活动所面临的一系列科技风险尤为重要。本书中的科技保险,是指针对科技型中小企业从事科技创新活动

---

① 国外并无"科技保险"这一概念,但在实践上的经验十分丰富。通过商业保险手段帮助企业转移技术创新活动风险大都采用两种方式:一种方式是提供单独险种规避技术创新活动中特定的风险,如知识产权保险(或专利保险)可以转移侵权风险,过失与疏忽保险可以转移责任风险,网络保险可以转移与电子信息安全有关的风险等;另一种方式是向某一类从事特殊技术创新活动的行业提供组合式的保险服务,如向电子信息行业、生命科学行业等提供定制的保险解决方案[胡晓宁,李清,陈秉正.科技保险问题研究[J].保险研究,2009(8):57-64.]。总体而言,国外比较典型的科技保险类型有知识产权/专利保险、过失与疏忽保险、网络保险、融资租赁保险、产品责任保险、环境责任保险、组合式保险解决方案等。

所面临的一系列科技风险而设置的一揽子科技保险产品的统称。①。科技保险根据投保险种，可分为财产险类，责任、保证、信用险类和意外、健康险类；根据开发阶段，则可分为科技研发保险、科技成果转化与交易保险、新产品投产保险、科技成果推广保险、新产品市场保险、新产品质量保险、新产品责任保险等。目前，纳入科技保险市场的险种（科技保险产品）主要有：关键研发设备保险、高新技术企业产品研发责任保险、出口信用保险、营业中断保险、高新技术企业财产保险、产品责任保险、产品质量保证保险、董事会监事会高级管理人员职业责任保险、雇主责任保险、专利保险、环境污染责任保险、项目投资损失保险、小额贷款保证保险、首台（套）保险、知识产权保险等。

---

① 对科技保险所下定义主要有：(1)科技保险是以科技活动作为保险标识的险种[谢科范. 我国科技保险的现状与对策思考[J]. 武汉汽车工业大学学报,1996,18(2):63-66.]。(2)科技保险是一类涉及科技活动的保险业务，对在科技活动中因风险发生而受到经济损失的单位或个人予以补偿和给付，使其可以继续从事创新科技活动[寸晓宏,李武瑜. 论风险投资的风险分担:兼论科技保险与风险投资的关系[J]. 云南财贸学院学报,2000(3):39-42.]。(3)科技保险是一大类防范技术创新(科技活动)风险的经济制度,它为了使科技活动能够顺利、安定进行,运用社会多数单位集体的力量,按大数定理进行合理计算筹建风险基金,以对科技活动中发生的风险予以补偿或给付,使其可以继续从事经济创新的一种经济活动[张缨. 科技创新保险体系的构建[J]. 甘肃科技,2002(9):13-14.]。(4)科技保险是为了规避科研开发过程中,由于存在诸多不确定的外部影响,科研开发项目失败、中止、达不到预期的风险而设置的保险[陈雨露. 科技风险与科技保险[J]. 中国科技投资,2007(1):68-70.]。(5)科技保险是承保企业在技术创新过程中(包括共性技术研究、应用开发研究和市场推广等阶段),由于项目自身(包括技术的复杂性、技术的市场适应性、技术开发与管理者的责任)及外部环境(制度环境、市场环境、自然环境等)的影响,项目失败、终止或在规定期限内不能完成价值实现风险的一揽子保险的统称[吕文栋,赵杨,彭彬. 科技保险相关问题探析[J]. 保险研究,2008(2):36-40.]。(6)科技保险是以与企业技术创新活动相关的有形或无形财产、人力资源、对第三者应承担的经济赔偿责任以及创新活动的预期成果为保险标的的保险,当发生了保险合同约定的保险事故造成投保人的损失时,由保险人根据约定给付保险金[胡晓宁,李清,陈秉正. 科技保险问题研究[J]. 保险研究,2009(8):57-64.]。(7)科技保险是准公共产品,具有应对风险、产品设计、保费确定、产品管理的复杂性[赵武,戴履方. 论科技创新的风险补偿机制:科技保险[J]. 商场现代化,2012(11):87.]。(8)科技保险指的是通过商业性或政策性的保险手段,对科技创新一系列活动中产生或涉及的可保风险进行管理。从广义角度来看,所有跟科技型企业相关的保险产品都可被泛称为科技保险;从狭义角度来看,科技保险是指关于科技活动方面一揽子具体保险产品的统称,包括企业研发、生产过程中由内部因素和外部因素造成的人身伤害、财产损失、民事赔偿等风险[杨正平,王淼,华秀萍. 科技金融:创新与发展[M]. 北京:北京大学出版社,2017.]。

（二）我国科技保险市场发展实践

2006 年,我国发布了《国家中长期科学和技术发展规划纲要（2006—2020年)》。保险业积极响应发展规划纲要,以自身的实际行动来支持国家政策的实施。从 2006 年 6 月起,我国相继出台了《关于保险业改革发展的若干意见》《关于进一步支持出口信用保险为高新技术企业提供服务的通知》《关于加强和改善对高新技术企业保险服务有关问题的通知》等政策法规。2007 年 7 月 20 日,北京市、天津市、重庆市、深圳市、武汉市和苏州高新区成为首批国家科技保险创新试点城市（区),首批 6 个险种,由中国出口信用保险公司经营政策性出口信用保险,由华泰财产保险股份有限公司试点经营诸如高新技术企业产品研发责任保险、营业中断保险、关键研发设备保险、意外保险以及高管人员和关键研发人员团体健康保险 5 个险种。2007 年 7 月 22 日,华泰财产保险股份有限公司与北京用友软件工程有限公司签订第一份科技保险单。2007 年 8 月,苏州华能仪控有限公司成为科技保险试点以来全国首家出险获赔的科技型企业。2008 年 8 月,上海市、沈阳市、成都市、无锡市、合肥国家高新区和西安国家高新区被批准为第二批科技保险创新试点城市（区)。与此相对应的,我国科技保险险种及承保机构也逐步增加。以高新技术企业需求为基础,2008 年 2 月,我国又增加了 9 个新险种,包括高新技术企业产品责任保险、高新技术企业财产保险、高新技术企业小额贷款保证保险、高新技术企业产品质量保证保险、高新技术企业项目投资损失保险、高新技术企业环境污染责任保险、高新技术企业专利保险、高新技术企业雇主责任保险和高新技术企业董事会高级管理人员职业责任保险。同时,中国人民财产保险股份有限公司和中国平安人寿保险股份有限公司被批准在科技保险城市（区)试点经营科技保险业务。2010 年 3 月,科技部与保监会联合发布了《关于进一步做好科技保险有关工作的通知》,标志着科技保险工作从试点经营到常态化发展,全面为科技型企业自主创新保驾护航。2011 年发布的《关于促进科技和金融结合加快实施自主创新战略的若干意见》明确指出要"积极推动科技保险发展"。2012 年 11 月,全国第一家科技保险专营机构——中国人民财产保险股份有限公司苏州科技支公司成立。2012 年,全国第一家科技型中小企业贷款保证保险共保体——"苏州科技型中小企业贷款保证保险共保体"由太平财险、阳光财险、国泰财险、中国大地财险、华泰财险、永安财险六家保险集团联合交通银行苏州分行成立。该共保体通过保险经纪的协调服务,将银行债务融资、保证保险、风险管理方案等多种金融工具组成一个集成科技金融服务平台,集聚各方资源和优势共同破解科技型中小企业融资难题,为其提供集成金融服务。2014 年发布的《关于大力推进体制机制创新 扎实做好科技金融服务的意见》明确提出要"探索构建符合科技创新特点的保险产品和服务""鼓励有条件的地区建立科技保险奖补机制和科技再保险制度""支持符合条件的保险公司设立专门服务于科技企业的科技保险专营机构""探索保险资金投资优先股等新型金融工具,为科技企业提供长期股权投资""推动科技保险综合实验区建设""探索建立综合性科技保险支持体系"等。2014 年 8 月,国务院印发《关于加快发展现代保险服务业的若干意见》(保险业"新国十条"),提出"建立完善科技保险体系,积极发展适应科技创新的保险产品和服务,推广国产首台首套装备的保险风险补偿机制,促进企业创新和科技成果产业化"。2015 年 1 月发布的《关于进一步推动科技型中小企业创新发展的若干意见》指出,要"完善科技型中小企业融资担保和科技保险体系","鼓励保险机构大力发展知识产权保险、首台(套)产品保险、产品研发责任险、关键研发设备险、成果转化险等科技保险产品"。2015 年 3 月,《关于开展首台(套)重大技术装备保险补偿机制试点工作的通知》决定开展首台(套)重大技术装备保险补偿机制试点工作。2015 年 4 月发布的《关于进一步推动知识产权金融服务工作的意见》指出要加快培育和规范专利保险市场。2016 年 8 月,国务院印发《"十三五"国家科技创新规划》,指出要"健全支持科技创新创业的金融体系"。

　　与此相对应的,我国各地也在积极开展并创新科技保险工作。例如,苏州科技保险采取"政府支持、商业化运作"的运行机制,由政府提供财政补贴和税收优惠,与保险公司、保险经纪公司等合作,以政府信用撬动商业信用,赋予科技保险市场"政府信用+商业信用+专业保险经纪服务"的创新特点,共同推动科技型企业的投保积极性和科技创新活动;又如,北京中关村科技园区试点自主创新产品首台(套)保险分担机制,设计首台(套)重大技术装备质量保证保险、首台(套)重大技术装备产品责任保险、首台(套)重大技术装备运输保险、首台(套)重大技术装备安装工程及第三者责任保险、首台(套)重大技术装备机器损坏保险 5 个保险的险种及其附加险等产品,建立以政府引导、市场化运作的技术装备保险补偿机制,通过政府设立专项资金,聘请专业保险经纪公司作为风险管理顾问,引导保险公司积极参与首台(套)保险工作。

综上可知,我国科技保险市场正在大力发展中。

二、浙江省科技保险市场发展实践

与北京、上海、成都、重庆、苏州、天津等科技保险创新试点城市相比,浙江省的科技保险推出得较晚。2009 年 5 月,中国人民财产保险股份有限公司浙江省分公司(以下简称"人保财险浙江省分公司")与杭州宏华数码科技股份有限公司签订第一笔首台(套)高科技产品质量保证保险,获得浙江省委、省政府主要领导的好评,标志着浙江科技保险业务正式起步。2012 年 2 月,根据《关于进一步做好科技保险有关工作的通知》《关于促进科技和金融结合加快实施自主创新战略的若干意见》《关于进一步促进科技与金融结合的若干意见》等政策法规的要求,经浙江保监局同意,浙江省科技厅、人保财险浙江省分公司、中国平安财险浙江省分公司联合在全省高新技术企业中开展科技保险试点工作,并下发《关于在我省科技企业中开展科技保险试点工作的通知》,明确提出对"促进科技成果转化、改善科技企业融资环境作用比较显著的科技保险产品"进行财政补助。2012 年,嘉兴被国家知识产权局确定为全国第二批专利保险试点地区;浙江省科技厅会同人保财险、中国银行、浦发银行、中信银行正式启动"科技型中小企业小额贷款履约保证保险",浙江省财政安排 2400 万元的风险补偿基金池,3 家银行提供 3 亿元专项贷款。2013 年,浙江省在全国率先开展首台(套)重大技术装备保险补偿试点工作,也启动了专利保险试点。2014 年 1 月,浙江省科技厅发布《关于开展科技型中小企业贷款保证保险工作的通知》,指出已与有关银行(中国工商银行浙江省分行、中信银行杭州分行、中国银行浙江省分行、浦发银行杭州分行和杭州银行高新支行)及保险公司(人保财险浙江省分公司和太平洋财险浙江省分公司)签署《浙江省科技型中小企业专项贷款保证保险合作协议》,要求每家银行提供约 1 亿元的信贷规模,合计 5 亿元,旨在加快建立由政府、保险公司和银行共同参与、市场化运作的科技型中小企业贷款风险分担机制,着力降低科技型中小企业的融资成本和门槛。2015 年 1 月,为贯彻落实浙江省政府制定并发布的《关于进一步发挥保险功能作用促进我省经济社会发展的意见》，充分运用小额贷款保证保险这一金融工具，缓解科技型中小企业贷款难问题，浙江省科技厅又发布了《关于深入推动科技型中小企业贷款保证保险工作的通知》。2015 年，嘉兴市政府出台《关于支持科技保险发展的实施意见》，温州、金华等地政府部门也下发专门通知以推动当地科技小额贷款保证保险业务发展。2018 年 1 月 8 日，我国第一家科技保险公司——太平科技保险股份有限公司在浙江省成立。2019 年，浙江省建立省级重点新材料保险补偿机制。总体而言，浙江省科技保险工作在大力推进中，其市场规模也在不断扩大中。鉴于太平科技保险股份有限公司是浙江省科技保险市场的一大亮点，下面阐述此公司的情况以期"窥一斑而知全豹"。

2012 年，中国太平保险集团就表达了与浙江省政府建立战略合作的意愿。2014 年 7 月，双方签署战略合作协议，在此基础上，双方又进一步达成共识，由 9 家股东共同出资，发起设立太平科技保险股份有限公司。这 9 家股东分别为太平财产保险公司、浙江省科技风险投资有限公司、浙江省金融控股有限公司、浙江省兴合集团有限责任公司、浙江沪杭甬高速公路股份有限公司、恒华融资租赁有限公司、浙江浙华投资有限公司、嘉兴市燃气集团股份有限公司和浙江兴科科技发展投资有限公司。2018 年 1 月，太平科技保险股份有限公司取得保险公司法人许可证，正式成为我国第一家专业科技保险公司。自 2018 年 1 月获中国保监会批准同意开业以来，此公司就一直贯彻中国太平保险集团"把科技保险做成集团的特色之一，服务创新型国家建设"的战略部署，以科技型企业为中心，产品创新为导向，科技风险管理为优势，政策支持为助力，服务提升为根本，为科技企业风险防控、研发创新、知识产权保护与转化、融资并购等提供全方位风险保障解决方案，努力打造"最具特色的专业科技保险公司"；重点培育"四个专注"的经营特色，即专注科技企业、专注科技风险管理、专注产品创新和专注政策导向，坚持以创新驱动发展，坚持追求价值、持续成长，细分市场、深挖行业，积极探索实践，走市场化、专业化、创新式的道路，为科技型企业和社会提供更多、更好的金融保险服务，为服务实体经济、防控金融风险、深化金融改革贡献力量；大力弘扬"红船精神"，秉承中国太平保险集团"有激情、在状态，有梦想、敢担当，有胆识、善创新"的核心文化，当好科技保险的开拓者、引领者，争当服务实体经济、防控金融风险、深化金融改革的排头兵。

三、结论与建议

(一)结论

(1)我国科技保险市场正在大力发展中。

(2)浙江省科技保险工作在大力推进中,其市场规模也在不断扩大中。

(3)太平科技保险股份有限公司是浙江省科技保险市场的一大亮点,其发展实践值得推广。

(二)建议

1. 应构建完善像"杭信贷"那样的政银担保合作体系

2020年4月10日,浙江省杭州市首创的中小微外贸企业政策性融资模式"杭信贷"正式上线。它由杭州市商务局、科技局、金融办等政府部门牵头搭建,采用"政策性信保＋政策性担保＋银行授信"的闭环模式,从而为中小微外贸企业提供纯信用、免抵押、成本低、速度快的金融服务。其申请流程为:中小微外贸企业向浙江信保(中国出口信用保险公司浙江分公司)投保;经浙江信保审核、授信通过后,获得其出具的保单;中小微外贸企业在"杭州E融"平台上申请并选择银行贷款;中小微外贸企业向承办银行提供包括保单在内的有关材料;银行授信审批通过,中小微外贸企业、浙江信保和承办银行签署三方协议;担保公司审核,并与承办银行、中小微外贸企业签署有关协议;承办银行向中小微外贸企业发放银行贷款。就其本质而言,"杭信贷"就是为中小微外贸企业提供专业化金融服务的政银担保合作体系。如前所述,科技保险是指针对科技型中小企业从事科技创新活动所面临的一系列科技风险而设置的一揽子科技保险产品的统称。因此,浙江省应将针对中小微外贸企业的"杭信贷"移植于针对科技型中小企业的科技保险产品设计,从而构建完善像"杭信贷"那样的政银担保合作体系。

2. 应推动建立像太平科技保险股份有限公司那样的科技保险公司

如前所述,2018年1月8日,我国第一家科技保险公司——太平科技保险股份有限公司在浙江省成立。结论亦表明,太平科技保险股份有限公司是浙江省科技保险市场的一大亮点,其发展实践值得推广。因此,浙江省应推动建立像太平科技保险股份有限公司那样的科技保险公司。为提高科技保险普及率,浙江省应放宽科技保险供给主体的准入条件,鼓励保险集团与浙江省政府建立战略合作意愿,成立专业的科技保险公司,提供专业的科技保险产品。如前所述,浙江省共有 11 个地级市,其中杭州市、宁波市、温州市和湖州市均被确定为国家促进科技和金融结合试点城市。考虑到实际情况和建设难度,可先在同为国家促进科技和金融结合试点城市的宁波市、温州市和湖州市通过出资新设、增资扩股、控股参股、兼并重组等方式发展一批地级市科技保险公司,再扩展到其他地级市。这些地级市科技保险公司可与当地科技部门协同,调研各地区处于不同行业、不同规模、不同生命周期的科技型中小企业的科技保险需求,进而为其量身打造相应的科技保险产品。

3.应鼓励传统的保险公司设立科技保险专营机构

科技型中小企业具有"轻资产、重创意、高风险"的特点。若为其提供金融服务,传统的保险公司都会面临较为严重的风险与收益不对称问题。因此,浙江省应鼓励传统的保险公司设立科技保险专营机构。一方面,浙江省应适当发挥财政科技投入的引导和放大作用,通过引导基金和保费补贴,为设立的科技保险专营机构保驾护航,进而为科技型中小企业降低在科技创新活动中所面临的风险损失并实现稳健经营提供支持;另一方面,科技保险专营机构也能更好地开展相关的调查研究,并根据科技型中小企业对科技保险的需求和诉求,积极开发相应的科技保险产品,主动提供相应的科技保险服务,积累科技保险风险数据,科学确定保险费率,探索设计新型金融工具,创新科技保险产品。具体而言,这些科技保险专营机构不仅可采用分公司、事业部或支公司等形式进行组织结构设计,也可采用投保结合的经营模式开展风险投资业务并开发出与科技型中小企业利益共享、风险共担的科技保险产品。

四、本章附录

(一)科技保险叫好不叫座　企业多持观望态度①

2012年8月15日,中国人保财险瑞安支公司工作人员胡小玲走访瑞安一家高新技术企业推荐科技保险时,再次得到了相似的答复:"险种蛮好,但现在企业财务紧张,等财政补贴政策出来了再说。"

中国人民财产保险股份有限公司温州分公司有关负责人介绍说:"公司已经走访了温州上百家高新技术企业,此次科技保险产品包括财产险类,责任、保证、信用险类和意外、健康险类等三大类,保障范围广、保障力度大、保费优惠多,虽然已经受到很多企业的关注,但真正下单的企业不多。"

中科新能源签下首单

科技型企业属于高投入、高产出行业,产品更新速度快,企业发展压力较大,一旦发生意外,企业可能受到致命影响。而科技保险就是保险公司针对科技型企业在技术研发、成果转化和产业化过程中存在的风险而推出的新型险种,它能有效分散化解高新技术企业出资人、科技工作者对风险的顾虑,以及分散科研开发过程中产生的风险。

2012年5月,浙江省科技厅在温州召开浙江省科技保险政策和产品解读会,向温州高新技术企业推荐该险种,中国人民财产保险股份有限公司温州分公司和中国平安财产保险股份有限公司温州分公司具体在温州开展承保业务。2012年6月,温州中科新能源科技有限公司为该企业22名高管及关键科研人员投保244万元团体健康保险和意外保险,这也是温州当时唯一的一单科技保险。

"此次投保是企业吸引和留住高科技人才的一个有效激励方式。"温州中科新能源科技有限公司董事长张朋表示,高投入、高风险的高新技术产业在刚起步时,没有雄厚的资本实力,自身抵抗风险的能力很弱,遭遇风险时常常孤立无援,人才是企业重要的核心竞争力,科技保险解决了他们诸多后顾之忧。"接下

---

① 吴赛仪. 科技保险叫好不叫座　企业多持观望态度[N]. 温州商报,2012-08-15(2).

来，我们还会在产品研发、关键研发设备等方面进行投保，预计 1 年的保险费用在 45 万元左右。"

为何总差临门一脚

"国内贸易信用险可转让给银行或者质押，降低了企业坏账风险。"温州苍南县一家生产点钞机的企业负责人表示有打算投保的意向，但是企业确实财务状况紧张，有些不必要的开支都被砍掉了，没有财政补助暂时不投保。"虽然凭应收账款质押可获得银行融资，但是这里有个时间差，紧张的现金流让企业等不起。"

"政策性农业保险补助力度大，受农民欢迎；科技保险配套财政补助政策未出台，科技保险推广难度大。"胡小玲告诉记者，由于受当前诸多利空经济消息的影响，企业应收账款未及时收回，向银行和民间融资困难，企业都在"节衣缩食"，控制成本，企业对科技保险这项支出大都持观望态度。

浙江省科技厅计财处有关负责人表示，根据试点期间企业对科技保险产品的需求和投保情况，对促进科技成果转化、改善科技企业融资环境作用比较显著的科技保险产品，浙江省科技厅将按照企业实际缴纳保费的一定比例对企业进行财政补助，具体补贴办法和标准将根据试点情况另行制定。

"如果配套财政补助政策能早点出台，给企业以利好，投保的企业会相应增加。"中国平安财产保险股份有限公司温州分公司有关负责人介绍说，该公司走访了上百家企业推广科技保险，目前有意向投保的仅 2~3 家，除了客观不利的经济市场环境和企业自身风险意识薄弱，配套财政补助政策出台滞后成为影响企业投保的重要因素。

如何让更多企业受惠

在宏观市场经济复杂的情况下，企业抗风险的能力相对减弱，更需要保险意识。如何让更多企业受惠科技保险政策，为温州实体经济保驾护航呢？

中国人民财产保险股份有限公司温州分公司有关负责人介绍说，为了推广科技保险，该公司对投保企业支付的保费都会给予一定的折扣优惠，但是目前收效甚微，关键还要重新谋划推广举措，比如地方政府出台相应的扶持政策。据了解，温州市龙湾区政府为鼓励发展科技保险，每年安排 100 万元对科技保险参保的企业进行补助，最高可以给予保费额 30% 的补助。

"提升科技企业的风险意识,增加企业对科技保险的认知度和接受度,银行是一个重要的推广平台,单靠保险公司一股力量是不够的。"中国人民财产保险股份有限公司苍南支公司有关负责人陈培胜告诉记者,由基层推广科技保险遇到的实际困难发现,银行的力量不容忽视,"银行在资信调查方面专业,有益于风险控制,减少了投保审核和银行质押融资放贷时间,有利于保证企业现金流的稳定性。"

"银行介入推广科技保险,有利于银行找到优质客户,更好地服务温州实体经济。"温州金融界人士认为,温州作为我国科技与金融试点城市,应盘活科技与金融资源,完善科技保险推广举措,创新政府科技投入方式,建立和完善多元化科技投融资体系,确保科技保险实实在在地为科技型企业分担和规避风险,促进高新技术产业和战略性新兴产业的健康、快速发展。

(二)全国首家科技保险公司落户浙江 专注科技金融助力实体经济发展①

什么是科技保险? 科技企业如何进行风险管理? 保险能为科技企业带来哪些保障和服务? 围绕这些话题,2018 年 7 月 6 日,太平科技保险股份有限公司(以下简称"太平科技保险")在杭州举办了 7·8 全国保险公众宣传日"发现保险背后的故事——科技保险会客厅"专题宣传活动,与七炅科技、天谷信息等科技企业代表进行了探讨。

"太平科技保险秉承'做科技的保险,用保险助科技'的经营理念,专注科技企业、专注科技风险管理、专注产品创新、专注政策导向,为服务实体经济、防控金融风险、深化金融改革做出贡献。"太平科技保险负责人林喆介绍。

就在 2018 年 6 月,中国银保监会批复同意太平科技保险营业场所变更为浙江省杭州市宏程国际大厦。这里位于钱江新城,距离钱塘江只有一步之遥,是中国金融版图的"浙江高地",正在被打造为"中国曼哈顿"。

这一举动,标志着这家 2018 年 1 月注册于嘉兴的国内首家专业科技保险公司有了新的起点。

---

① 谭晓锋,甘居鹏,石潇俊. 全国首家科技保险公司落户浙江 专注科技金融助力实体经济发展[EB/OL]. (2018-07-23) [2022-12-06]. http://tpkj.cntaiping.com/news/73452.html.

从 2012 年中国太平保险集团表达与浙江省政府建立战略合作意愿,到 2014 年 7 月签署战略合作协议,再到 2018 年年初太平科技保险获保监会开业批复,从"红船精神"诞生地南湖到钱塘江金融港湾核心区钱江新城,这家保险公司立足浙江、面向长三角、走向全国的战略定位有了进一步的诠释,助力国家科技创新发展战略的步伐也更快了。

浙江是市场经济极为活跃的地区,而科技创新是极为活跃的因子。浙江的科技创新,必将为产业转型升级、社会协调发展提供新动能,走出有浙江特色的科学发展之路。

科技的创新发展离不开金融的护航。浙江大学公共政策研究院执行院长金雪军表示,浙江的发展重在对创新性经济的培育,而创新性经济的培育必须通过技术、资本、产业三者的有机结合,走科技金融之路。

时代变迁,科技保险正在迎来重大历史发展机遇期。记者了解到,市场上推出的科技保险产品主要包括研发责任保险、专利保险、小额贷款保证保险等险种。

数据显示,截至 2016 年年底,科技保险的保费收入 77.66 亿元,仅占全国原保费收入 3.1 万亿元的 0.25%。这个数字也正反映了科技保险市场空间巨大。

2016 年 8 月,浙江省政府印发《浙江省科技创新"十三五"规划》,其中提到要加快发展科技保险,推进专利保险试点。

作为行业融合和金融创新的产物,科技保险无疑是一项创举。浙江是科创大省、金融大省,太平科技保险的落户,是浙江省政府与中国太平保险集团实施战略合作的重要成果,也是双方共同推动落实国家科技创新战略的重要举措。

太平科技保险产品、销售部门负责人介绍,2018 年以来,太平科技保险已开发完成 57 款科技保险产品,并与浙江省内多家科技园区达成了合作模式,业务成效也在逐步显现。

着眼于服务实体经济、支持小微企业发展,太平科技保险在产品规划方面采用"基础保障+互联网+创新产品"的三维模式。基础保障方面,太平科技保险以企业财产险、产品责任险、雇主责任险、意健险(即人身意外伤害险和健康险,下同)等基础保障产品为主,共计开发了 40 多款基础保障产品。互联网业务配套以互联网为入口的各类责任险、损失险和意健险产品。此外,太平科技保险针对科技园区、创投、网络安全和知识产权等方面进行业务创新和产品创新,探索股权直投、创投基金等形式,帮助科技企业解决融资难问题和提供风险保障,打造一批新、特、优科技保险特色产品。

林喆表示,公司将大力弘扬"红船精神",保持全国首家专业科技保险公司的先发优势,当好科技保险的开拓者、引领者,营造浙江省科技创新氛围,加快开发一批新产品,争当服务实体经济、防控金融风险、深化金融改革的排头兵。

下一步,太平科技保险将提升承保、理赔自动化水平,增强风险管控能力;加大科技保险产品研发力度,满足科技创新活动风险转移的需要;在保险法律法规框架内,企业将不断完善纠纷调解机制,形成损失一揽子解决方案;通过协同创新不断完善科技保险服务体制,增加科技企业的创新活力。

(三)浙江为大型科研仪器上保险 用金融创新激活科技资源共享①

浙江理工大学的一台大型仪器完成了"共享保"的保险赔付。经过一系列的理赔流程,全国首个大型科研仪器"共享保"的理赔成功完成。

2021年10月12日,浙江理工大学与太平科技保险股份有限公司在杭举行大型科研仪器"共享保"签约仪式。现场,首单113台价值8794万元的科研仪器投保。此举开创了高校科研仪器与科技保险合作的先河。

全省13000台,浙江加快推进大型科研仪器开放共享

在国家科技投入中,以基础条件建设为主的大型科研仪器占比60%以上。2014年年底,国务院印发《关于国家重大科研基础设施和大型科研仪器向社会开放的意见》(以下简称《意见》),部署通过深化改革和制度创新,加快推进科研设施与仪器向社会开放,进一步提高科技资源利用效率,更明确要促进大型科研仪器使用的社会化服务。

一直以来,浙江省科技厅高度重视大型科研仪器开放共享工作,早在2006年就开展大型科研仪器开放共享平台建设工作,在资源整合、信息共享、创新服

---

① 姚俊英,陈盼. 浙江为大型科研仪器上保险 用金融创新激活科技资源共享[J]. 今日科技,2021(11):14-15.

务等方面发挥了重要作用。2019年,浙江省科技厅会同浙江省财政厅启动了基于物联网技术的大型科研仪器开放共享平台建设,通过物联网传感器实时采集大型科研仪器运行使用情况。截至2021年11月,该共享平台已集聚了800余个创新载体,30万元以上的大型科研仪器13000余台,提供社会服务9万余次。

但是,在开展共享服务过程中,很多创新载体担心仪器在使用中受到损坏,难以定责、担责、追责,致使"共享成了摆设,平台留在网上"的问题还比较突出。面对这些大型科研仪器共享中的痛点、难点问题,在浙江省科技厅基础处的指导下,浙江省科技项目管理服务中心在前期充分调研的基础上,创新性地引入金融创新的"活水",积极探索建立大型科研仪器保险保障机制,全国首款科研仪器共享保险产品"共享保"应运而生。

全国首单为仪器上保险,破解科技资源共享难题

"共享保"是在浙江省科技厅指导下,由浙江省科技项目管理中心联合太平科技保险以"政府＋平台＋保险"的创新服务模式,打造出的全国首款保障大型科研仪器设备共享保险产品。这款产品旨在降低高频共享带来的仪器易损坏的潜在隐患,彻底打消各管理单位和相关人员的后顾之忧,让科技资源共享的"一江春水"真正为创新浙江注入澎湃动力。

据悉,此次首批投保的是浙江理工大学的113台大型科研仪器,保费近10万元。这批大型科研仪器的选择标准是:入网浙江省大型科研仪器开放共享平台,单台仪器价值大于30万元,安装物联网传感器且运行状况较好。投保对象分为80万元以上和80万元以下两类,保费分别为每年1000元/台和800元/台。投保仪器在开放共享使用中发生意外事故或由突发性、不可抗拒等因素造成损失,最高赔偿额分别可达8万元和5万元。

"此次保险合同的签订,是浙江理工大学大型科研仪器设备管理的一项创新举措,开创了高校科研仪器与科技保险合作的先河,旨在通过校企联手,借助保险杠杆作用,加强学校大型科研仪器管理,提升大型科研仪器使用效率,引导科研仪器所有人积极参与开放共享工作,为创造良好的科研仪器开放共享机制提供风险保障,为减轻仪器设备维修负担搭建坚实的风险屏障。"浙江理工大学资产与实验室管理处相关负责人如是说。

浙江省科技项目管理中心相关负责人表示,"为仪器上保险"的新型投保理念,为大型科研仪器共享服务开展增信兜底,提供了风险池,这是一次在大型科研仪器开放共享领域金融创新的有益探索,进一步拓宽了金融服务的实体渠道,扩大了大型科研仪器共享的"活水"流量,开创了大型科研仪器与科技保险合作的未来新模式。

浙江省科技厅基础处相关负责人表示:"浙江理工大学高度重视大型科研仪器开发共享工作,作为第一个'吃螃蟹'的创新载体,为推动这一创新举措提供了'过河石'。但各个创新载体的实际情况千差万别,要探索出可以复制推广的成熟模式,还需要我们做很多努力和尝试。"

下一步,浙江省科技厅将以数字化改革为牵引,聚焦大型科研仪器开放共享"一指办"等创新服务,发挥"共享保"等金融工具赋能作用,提高大型科研仪器资源利用率,为服务科技创新和社会需求提供丰厚土壤,为实施创新驱动发展战略提供有效支撑。

第八章
绩效评价体系

一、绩效评价体系概述

绩效评价体系是为评价科技金融其他子体系或子市场的绩效或发展水平而设计出来的综合性指标或指数体系。本书将科技金融定义为"一个为科技型中小企业提供全方位、多层次和多渠道金融服务的服务体系,具体由政府促进体系、风险投资市场、科技信贷市场、科技资本市场、科技担保市场、科技保险市场与绩效评价体系构成",与此相对应的,绩效评价体系则是为评价政府促进体系的绩效水平和风险投资市场、科技信贷市场、科技资本市场、科技担保市场、科技保险市场的发展水平而设计出来的综合性指标或指数体系。为了有效破解"轻资产、重创意、高风险"科技型中小企业的融资难题,政府促进体系、风险投资市场、科技信贷市场、科技资本市场、科技担保市场、科技保险市场与绩效评价体系应相辅相成,共生共赢。与科技金融其他子体系或子市场一样,绩效评价体系也是科技金融服务体系的重要组成部分。

(一)绩效评价体系的构建方法与思路

科技金融绩效评价体系一般可采用层次分析法进行构建。20 世纪 70 年代初,美国运筹学家托马斯·萨蒂(Thomas L. Saaty)提出了层次分析法(analytic hierarchy process, AHP)。这是一种层次权重决策分析方法。此方法的精髓在于将影响目标决策的因素分为若干个层次,进而形成一个递阶层次结构模型。此模型一般包含三个层次,即目标层、准则层和方案层。根据层次分析法,科技金融绩效评价体系的构建思路如下。

(1)此体系可分为三个层次:第一层次为"科技金融绩效评价综合指数";第二层次为"科技金融绩效评价分项指数",分别为"政府促进体系分项指数""风险投资市场分项指数""科技信贷市场分项指数""科技资本市场分项指数""科技担保市场分项指数""科技保险市场分项指数",即从6个维度出发设计开发科技金融绩效评价体系;第三层次为若干个反映科技金融其他子体系或子市场即政府促进体系、风险投资市场、科技信贷市场、科技资本市场、科技担保市场和科技保险市场健全完善程度的具体指标。

(2)第一层次的"科技金融绩效评价综合指数"和第二层次的"科技金融绩效评价分项指数"可采取逐层加权平均法计算求得,须在第二层次指数和第三层次指标中均引入权重系数,而此权重系数可通过专家打分法加以确定,在此基础上构造判断矩阵并结合一致性检验结果最终加以确定。

(3)综合考虑科技金融其他子体系或子市场的健全完善程度和数据的可获得性,从政府促进体系、风险投资市场、科技信贷市场、科技资本市场、科技担保市场和科技保险市场6个维度出发并遵循客观性、代表性、全面性和可行性四个基本原则设计第三层次的具体指标以形成综合性指标体系。

(4)定期发布"科技金融绩效评价综合指数"和6个"科技金融绩效评价分项指数"。

(二)我国科技金融绩效评价体系构建实践

我国科技金融绩效评价体系构建实践主要体现在清科研究中心发布的《中国城市科技金融发展指数》中。清科研究中心是一家专业的、权威的股权投资研究机构,一直致力于为政府机构、战略投资者、有限合伙人、VC/PE 投资机构、会计师事务所、律师事务所等提供专业的咨询、数据、信息、研究以及培训服务。目前,此中心的研究范围覆盖了2万家境内外投资机构,跟踪研究股权投资行业历史 26 年,累计尽调超过 5000 只基金,绩效评价超过 2000 只基金,为科技部、证监会、国家发改委等部委以及 40 个省(区、市)的科技局、证监局、金融办等机构提供市场分析和政策制定参考依据。尤其值得一提的是,此中心已连续发布《2019 年中国城市科技金融发展指数》《2020 年中国城市科技金融发展指数》《2021 年中国城市科技金融发展指数》。此指数主要用来评价中国 30

个城市科技金融的发展水平(绩效状况),其构建思路如下。

(1)观察城市选取:综合考虑各城市地域分布、行政地位和科技金融发展状况,兼顾城市统计数据的可得性与来源一致性,选取政策环境上优势明显、创新创业服务潜力较大、金融活跃度较高、科技金融发展成果显著的 30 个观察城市。

(2)评价维度划分:通过对各城市科技金融发展中多个影响因素的分析,综合选取政策环境服务、创新创业资源服务、科技金融活跃度、科技金融发展成果 4 个维度。

(3)评价方法:采用"基期年份指标计算"方法,以 2018 年北京为 100 分,对 30 个城市科技金融发展水平进行综合评价。并在此基础上,编制中国城市科技金融发展指数体系。该指数体系可以对科技和金融结合实施成效进行动态评估,为各城市科技金融发展提供参考、借鉴。

(4)评价体系:基于科技金融的定义,兼顾指标相关性与统计数据的可得性,研究制定 2018 年中国城市科技金融发展评价指标体系,该评价体系共覆盖 4 个一级指标、13 个二级指标、41 个三级指标,从科技金融发展的各层面对 30 个城市进行综合评价及指数排名。

(5)定期发布:每年发布"中国城市科技金融发展指数——城市科技金融综合指数 TOP 10""中国城市科技金融发展分项指数——政策环境指数 TOP 10""中国城市科技金融发展分项指数——创新创业资源服务指数 TOP 10""中国城市科技金融发展分项指数——科技金融活跃度指数 TOP 10""中国城市科技金融发展分项指数——科技金融发展成果指数 TOP 10"。

(6)数据来源:统计公报、国家统计年鉴、各省市统计局出版的统计年鉴;科技部、各城市科技厅的统计材料;清科私募通数据库等。对于个别没有官方统计披露的数据,通过对公开数据进行整理、比对,进行统计计数。

二、浙江省科技金融绩效评价体系构建实践

浙江省目前尚未构建科技金融绩效评价体系。如前所述,浙江省共有 11 个地级市,其中杭州市、宁波市、温州市和湖州市均被确定为国家促进科技和金融结合试点城市。尤其是杭州市,根据清科研究中心所发布的《中国城市科技

金融发展指数》,其科技金融发展指数在 2019 年、2020 年、2021 年分别排名前四、前四、前五,一般只低于北京市、上海市和深圳市。因此,浙江省亟须构建完善科技金融绩效评价体系,以对 11 个地级市尤其是杭州市、宁波市、温州市和湖州市的科技金融绩效或发展水平做出综合性评价。

三、结论与建议

(一)结论

(1)科技金融绩效评价体系一般可采用层次分析法进行构建。

(2)我国科技金融绩效评价体系构建实践主要体现在清科研究中心发布的《中国城市科技金融发展指数》中。

(3)浙江省目前尚未构建科技金融绩效评价体系。

(二)建议

1. 应采用层次分析法构建完善"浙江省科技金融绩效评价体系"

结论表明,科技金融绩效评价体系一般可采用层次分析法进行构建。浙江省应采用层次分析法构建完善"浙江省科技金融绩效评价体系",以对 11 个地级市的科技金融绩效或发展水平做出综合性评价。根据层次分析法,浙江省科技金融绩效评价体系的构建完善思路大致如下。

(1)此体系可分为三个层次:第一层次为"浙江省科技金融绩效评价综合指数";第二层次为"浙江省科技金融绩效评价分项指数",分别为"浙江省政府促进体系分项指数""浙江省风险投资市场分项指数""浙江省科技信贷市场分项指数""浙江省科技资本市场分项指数""浙江省科技担保市场分项指数""浙江省科技保险市场分项指数",即从 6 个维度出发设计开发科技金融绩效评价体系;第三层次为若干个反映浙江省科技金融其他子体系或子市场即政府促进体系、风险投资市场、科技信贷市场、科技资本市场、科技担保市场和科技保险市场健全完善程度的具体指标。

(2)第一层次的"浙江省科技金融绩效评价综合指数"和第二层次的"浙江省科技金融绩效评价分项指数"可采取逐层加权平均法计算求得,须在第二层次指数和第三层次指标中均引入权重系数,而此权重系数可通过专家打分法加以确定,在此基础上构造判断矩阵并结合一致性检验结果最终加以确定。

(3)综合考虑浙江省科技金融其他子体系或子市场的健全完善程度和数据的可获得性,从政府促进体系、风险投资市场、科技信贷市场、科技资本市场、科技担保市场和科技保险市场 6 个维度出发并遵循客观性、代表性、全面性和可行性四个基本原则设计第三层次的具体指标以形成综合性指标体系。

2. 应定期发布像清科研究中心《中国城市科技金融发展指数》那样的浙江省科技金融综合指数和分项指数

浙江省也应定期发布像清科研究中心《中国城市科技金融发展指数》那样的浙江省科技金融综合指数和分项指数,如"浙江省科技金融绩效评价综合指数 TOP 3""浙江省政府促进体系分项指数 TOP 3""浙江省风险投资市场分项指数 TOP 3""浙江省科技信贷市场分项指数 TOP 3""浙江省科技资本市场分项指数 TOP 3""浙江省科技担保市场分项指数 TOP 3""浙江省科技保险市场分项指数 TOP 3",从而为浙江省各地级市科技金融发展实践树立学习榜样并为其提供参考借鉴。

3. 应设计开发"浙江省科技金融绩效评价专门指数"

浙江省是科技金融大省和强省。如前所述,杭州市高科技投资有限公司、杭州银行科技文创金融事业部、浙江股权服务集团、杭州高科技融资担保有限公司和太平科技保险股份有限公司的科技金融发展实践都在我国科技金融发展实践中发挥着"领头羊"或"排头兵"作用。与此相对应的,浙江省科技金融绩效评价体系构建实践也应在我国科技金融绩效评价体系构建实践中大放异彩。一方面,浙江省应组织专家学者通过德尔菲法,综合考虑浙江省科技金融其他子体系或子市场的健全完善程度和数据的可获得性,从政府促进体系、风险投资市场、科技信贷市场、科技资本市场、科技担保市场和科技保险市场 6 个维度出发并遵循客观性、代表性、全面性和可行性 4 个基本原则设计第三层次的具体指标以形成综合性指标体系;另一方面,浙江省也应公开发布此综合性指标体系和相应的数据库,鼓励专家学者开展相关的课题研究并设计开发"浙江省科技金融绩效评价专门指数",进而使得浙江省科技金融绩效评价体系构建实践也走在我国科技金融绩效评价体系构建实践的前头。例如,浙江省可运用

DEA(数据包络分析)模型中的 CCR(查恩斯、库珀、罗兹)模型与 BCC(班克、查恩斯、库珀)模型、SFA(随机前沿方法)模型对 11 个地级市科技金融绩效水平进行综合性的静态评价;可引入 Malmquist(马姆奎斯特)指数法对 11 个地级市科技金融绩效水平进行综合性动态评价;可综合运用 AHP-DEA-Malmquist 指数法对 11 个地级市科技金融绩效水平进行综合性静动态评价;可运用 Tobit 模型对 11 个地级市科技金融绩效水平的影响因素进行实证分析;等等。尤其是 Malmquist 指数法,浙江省可运用其编制"浙江省科技金融绩效评价专门指数"——"浙江省科技金融绩效评价 Malmquist 指数"。

四、本章附录

(一)清科独家解读《2019 年中国城市科技金融发展指数报告》[①]

2019 年 8 月 29 日,由中共西安市委、西安市人民政府主办,西安市金融工作局、西安市科学技术局、西安市投资合作局、西安高新技术产业开发区管理委员会、清科集团承办的 2019 全球创投峰会在西安高新国际会议中心召开。本次论坛上,清科研究中心研究发布了 2019 年中国城市科技金融发展指数,该指数主要对科技和金融结合实施成效进行动态评估,以便为各城市科技金融发展提供参考、借鉴。

1. 科技金融整体环境不断提升,科技与金融尚需进一步融合发展

在我国"大众创业、万众创新"的政策下,科技与金融的结合成为潮流趋势,人们对金融支持科技发展的重要意义认识日益深刻,科技金融越来越受关注,科技金融制度创新、科技产品创新、科技金融业务创新均在不断推进,但科技与金融尚需进一步融合发展。

政策环境:科技金融相关政策法规不断完善,顶层制度设计不断取得新的成果,科技部门与金融监管部门的协同效应初显,财政科技经费使用方式改革深化,引导基金总规模不断扩大。截至 2018 年,创业投资及私募股权投资引导

---

① 清科研究中心. 清科独家解读《2019 年中国城市科技金融发展指数报告》[EB/OL]. (2019-08-29)[2022-12-06]. https://free.pedata.cn/1440998437219870.html.

基金总目标规模近 10 万亿元,国家财政科学技术支出超过 8000 亿元。

创新创业服务:2017 年,全国 5739 家众创空间、4063 家科技企业孵化器和 400 余家企业加速器及 156 家国家高新区打造了接递有序的服务链条,形成了从众创空间、科技企业孵化器到产业园的创业孵化全链条,以高新技术企业为代表的创新创业主体从扩大规模向专业化、精细化转变,创新创业外溢效应明显。

股权市场:2018 年,我国创业投资及股权投资登记投资主体达到 1.4 万家,管理资本总量达到 10 万亿元,其中创业投资机构超过 4000 家。此外,科技企业获得融资能力不断增强。资本市场为科技企业提供了重要的股权融资平台。

多层次资本市场:不断通过供给侧结构性改革丰富企业融资功能,创业板与园区合作延伸资本市场服务范围,债券市场发行新产品加强对创新创业的支持,新三板推出新制度、新产品提高服务企业水平。此外,科创板落地,进一步完善多层次资本市场。

科技保险和科技信贷:科技保险取得新进展,我国保险科技的初创企业不断快速增加;科技信贷产品多样化,科技信贷产品种类丰富,商业银行还积极推动与政府部门合作开发的复合信贷产品,为科技型企业提供更加便捷、灵活的债权融资产品。科技保险和科技信贷目前仍处于试点阶段。

2.30 个城市、4 个评价维度和 1 个评价方法构成一套城市科技金融评价体系

观察城市选取:综合考虑了各城市地域分布、行政地位和科技金融发展状况,兼顾城市统计数据的可得性与来源一致性,选取了政策环境上优势明显、创新创业服务潜力较大、金融活跃度较高、科技金融发展成果显著的 30 个观察城市。30 个观察城市包括 4 个直辖市、10 个副省级城市、5 个计划单列市、6 个重要经济城市、5 个省会城市。

评价维度划分:城市科技金融产业发展主要是金融对于科技发展的服务,其发展除了国家政策具有重要影响,还与各地区科技企业发展过程中金融机构的支持有密切关系,如孵化器、众创空间等科技创新创业服务,私募股权市场投资服务,以及相应的科技保险和科技信贷服务等。通过对各城市科技金融发展中多个影响因素的分析,我们综合选取了政策环境指数、创新创业服务资源、科

技金融活跃度、科技金融发展成果4个维度。

评价方法：参照国内外各类城市综合评价常用方法，结合中国城市科技金融发展评价体系特点及评价目的，着重反映城市科技金融发展水平，因此采用"基期年份指标计算"方法，以2018年北京为100分，对30个城市科技金融发展水平进行综合评价。

评价体系：基于科技金融的定义，兼顾指标相关性与统计数据的可得性，研究制定了2018年中国城市科技金融发展评价指标体系，该评价体系共覆盖4个一级指标、13个二级指标、41个三级指标，从科技金融发展的各层面对30个城市进行综合评价及指数排名。

3.中国城市科技金融发展综合指数：北、上、深、杭占据榜单前四，站在科技金融风口

TOP 10：北京、上海、深圳、杭州、广州、武汉、南京、成都、西安、苏州。

整体来看，城市科技金融发展差距较为明显，头部城市强者愈强。第一梯队北京、上海、深圳保持绝对优势，在政策环境、创新创业服务资源、科技金融活跃度和科技金融发展成果方面都遥遥领先，是国内科技金融的领先城市。第二梯队杭州、广州科技金融发展水平相对较好，两者之间差距较小。第三梯队武汉、南京、成都、西安科技金融发展紧随其后，但与第一梯队城市差距较大。其他城市之间整体差距较小，发展水平相当，有很大的发展空间。

4.中国城市科技金融发展分项指数

(1)政策环境指数：北、上、深政策环境优势明显，苏州以政策体系完善程度位居第五，仅次于广州

TOP 10：北京、深圳、上海、广州、苏州、武汉、西安、天津、南京、成都。

整体来看，北京、深圳、上海、广州为第一梯队，北京地区优势明显，深圳、上海差距较小；苏州、武汉为第二梯队，西安、天津、南京、成都、杭州、重庆为第三梯队。可见排名靠后城市与头部城市之间发展差距较大，政策环境有待提高。

北京、上海在政策完善度上有绝对优势，苏州、杭州、深圳紧随其后；广州、西安、南京等城市处于中部水平，发展相对均衡；苏州政策体系较为健全，位居第三。另外，一线城市北京、深圳、上海、广州在财政经费支持力度方面优势明

显,其次为苏州、武汉、西安,其余城市财政支持有待加强。西安地区财政经费支持力度排第七,主要因为政府引导基金支持力度较大,但是科学技术支出相对较少,财政经费支持逐渐向市场化方向发展。

(2)创新创业资源服务指数:上海仅次于北京位居第二,西安超过深、杭位居第三

TOP 10:北京、上海、西安、重庆、杭州、深圳、天津、南京、宁波、武汉。

可以看出,北京、上海地区的创新创业服务资源优势均较为明显,但西安、重庆、成都、武汉等中西部内陆地区也具有较大的竞争优势。

北京、上海在科技人力资本方面有绝对优势,得益于庞大的科研人员数量和两院院士数量。南京市和西安市在科研人员数量和两院院士数量上均排名较前,科技人才储备充足,潜力较大。

在创新创业活力领域,北京遥遥领先,上海、西安、重庆紧随其后,宁波相对突出。西安与北京、上海在创新创业活力领域差距较小,源于双创示范基地、孵化器和众创空间发展良好。整体上,其余城市均与北京、上海、重庆、宁波差距较大。

北京在创新创业服务支持力度方面独占鳌头,上海、杭州、深圳、广州、西安紧随其后,主要是以上城市孵化器和众创空间对企业融资支持力度较大,领先于其他城市。

(3)科技金融活跃度指数:北、上、深等头部城市强者愈强,西安、成都等中西部地区逐步崛起

TOP 10:北京、上海、深圳、杭州、广州、南京、成都、苏州、宁波、武汉。

整体来看,一线城市科技金融活动较为活跃,其他城市科技金融活动差距较小。其中,北京、上海、深圳地区金融活动较为活跃,杭州有后来追赶倾向。

北、上、深在私募股权投资领域领先,杭州、南京、广州、宁波、苏州、成都具有相对优势,排名较为靠前;郑州、武汉、西安、重庆、合肥等其他地区私募股权投资领域有待加强,西安在私募股权投资基金支持上不占优势,且对硬科技领域投资支持也小于武汉、南京等城市,投资领域有很大的提升空间。另外在多层次资本市场领域,北京、深圳地区有绝对优势,上海地区发展较好,合肥、郑州、东莞、沈阳等发展不足。

而在科技信贷支持方面,深圳优势较为明显、其次是上海地区,北京地区较这两者有所落后,此外,厦门地区科技信贷方面表现较为突出。科技保险支持力度上,北京、上海相对优势较为明显;杭州、郑州、南京等新一线城市科技保险支持力度相对较大,其他城市差距较小。

(4)科技金融发展成果指数:北京地区领跑全国,科技金融发展成果产出明显

TOP 10:北京、上海、广州、深圳、天津、武汉、成都、重庆、杭州、南京。

可见,科技金融发展成果在一线城市聚集度高,北京地区独占"鳌头",领先优势较为明显;中部地区城市科技金融发展成果基本处于中间水平。

研发机构资源方面,北京占绝对优势,上海、武汉位居第二、第三,但是与北京差距仍然较大。同时,北京、西安、深圳、上海在 R&D(研究与发展)强度方面远远高于其他城市,西安地区 R&D 强度很突出,与一线城市比肩,其次杭州、厦门、武汉、无锡 R&D 强度基本相当,有较高的竞争优势。

产出成果方面,虽然科技金融发展成果 TOP 10 的城市占据优势,但是苏州、佛山、宁波相对整体排名在产出成果方面较为突出,得益于高出口额。其中,西安地区工业产值和出口方面远小于东部沿海城市,且与长沙、郑州也有较大差距,但是西安在技术产出方面有很大的优势。

(5)中国高新区科技金融发展指数:城市高新区各具特色,带动城市科技金融发展

高新区作为城市科技及经济的重要承载区域,在城市科技金融发展中占据了重要地位。项目组在研究过程中,选择了 20 个高新区,对其科技金融发展情况进行了指数化对比和研究。

从高新区科技金融发展综合指数来看,中关村科技园、上海张江高新区、深圳高新区、杭州高新区、武汉东湖高新区、西安高新区、成都高新区、广州高新区、南京高新区、合肥高新区位居前十。中关村科技园、上海张江高新区处于第一梯队,各方面均发展成熟;深圳高新区、杭州高新区、武汉东湖高新区、西安高新区、成都高新区等处于第二梯队,各自具备优势,深圳高新区和杭州高新区在创业投资和股权投资、资本市场领域有一定优势,提高了科技金融活跃度,武汉东湖高新区的多层次资本市场服务表现较好,西安高新区在创新创业资源服务

方面优势明显,成都高新区财政经费支持力度较大。

金融作为支持科技创新的重要载体,发挥了关键作用,科技金融也成为一个重要概念。我国科技金融整体环境不断改善,但科技与金融仍需进一步融合发展。从上述城市科技金融发展指数可以看出,一线城市科技金融体系较为健全,头部效应明显,表现强者愈强的特点;同时中西部部分城市科技金融也在崛起,利用其自身优势促进科技与金融融合。

科技与金融进一步有效融合和长远发展,需加强政策引导、完善政策体系,引导社会资本融入科技领域、提高企业融资能力,加强金融机构创新,加大其服务科技领域力度;此外,各城市大力发展自身优势科技产业和金融产业,加强两者的有效融合是促进科技金融未来发展的重要方向。

(二)《中国城市科技金融发展指数》发布①

2020年9月9日,由中共西安市委、西安市人民政府主办,西安市金融工作局、西安市科学技术局、西安市投资合作局、西安高新技术产业开发区管理委员会、清科集团承办的2020全球创投峰会在西安高新区盛大开幕。本次论坛上,清科研究中心连续第二年发布了年度中国城市科技金融发展指数。在2020年年度指数中,北京、上海、深圳、杭州、广州、南京、武汉、成都、西安、天津分列前十。

科技金融是促进科技创新和科技发展的各类金融工具的总称。近年来,得益于中央及地方政府在政策、制度供给和财政科技经费等方面给予的大力支持,我国科技金融整体环境不断改善。

为了更直观地展现各地区科技金融发展情况,横向、纵向进行比较和分析,清科研究中心在2020年城市科技金融指数研究过程中,保持了研究对象的延续性和研究方法的稳定性;选取了政策环境上具备优势、创新创业服务潜力较大、金融活跃度较高、科技金融发展成果显著的30个城市进行研究评价;在评价方法上,制定了中国城市科技金融发展指数体系,包含政策环境、创新创业服

---

① 投资界.《中国城市科技金融发展指数》发布[EB/OL].(2020-09-09)[2022-12-06].
https://pe.pedaily.cn/202009/459674.shtml.

务资源、科技金融活跃度、科技金融发展成果4个一级指标、13个二级指标、41个三级指标,用以综合衡量区域科技金融发展水平和服务能力。该指数可以对科技和金融结合实施成效进行动态评估,为各城市科技金融发展提供参考、借鉴。

1. 中国城市科技金融发展综合指数

相对于2019年,2020年TOP 10城市科技金融发展相对稳定,北、上、深、杭仍然占据榜单前四,西安排名第九,指数较2019年有所提升。西安在政策环境、创新活力、发展成果等方面表现良好,金融服务方面有较大的潜力。西安通过政策引导,结合自身在电子信息、先进制造、金融与现代服务业的新兴产业群优势,聚集了各大高校和科研院所,引进和培养了大量科技人才,同时在政策经费上给予了大力支持,取得了良好效果。此外,西安作为"硬科技"之都,政府大力支持硬科技发展,硬科技发展体现西安的核心竞争力。

2. 中国城市科技金融发展分项指数

政策环境指数:北京、上海、深圳政策环境优势明显,西安排名第六,其指数上升明显,西安在政策环境指数上表现较好,除了政策逐渐完善,西安政府引导基金给予大力支持,高于天津、成都、杭州等城市,撬动大量社会资本支持西安科技企业发展。

创新创业服务资源指数:北京、上海仍保持绝对优势,西安创新创业服务资源指数名列前茅,位居第四,西安在创新创业服务资源方面优势较为明显,仅次于北京、上海、杭州。西安在创新创业方面表现较为活跃,主要得益于西安有大量高校和军工相关科研单位,聚集丰富的科研人才和科技资源,各类孵化器和众创空间等创新创业资源载体发展良好,提高创新创业活力。

科技金融活跃度指数:北京、上海、深圳等头部城市强者愈强,西安排名第十一,指数较2019年有所提升,西安、成都等中西部地区逐步崛起;在金融方面,西安对科技企业的支持力度仍有较大的提升空间,其硬科技领域的发展较好,金融对其支持力度较好,促进金融对科技企业的支持。

科技金融发展成果指数:北京领跑全国,西安排名第六,较2019年有所提升,主要是因为西安对科技研发的支持力度较强,技术合同成交额较2019年提升明显;此外,西安高新区企业经济效益较好,发展处于中上水平,可以看出西安高新区建设良好,高新区对西安的贡献紧随一线城市。

(三)清科研究中心:2021 年中国城市科技金融发展指数①

2021 年 6 月 9 日,由中共西安市委、西安市人民政府主办,西安市金融工作局、西安高新技术产业开发区管理委员会、清科集团承办的 2021 全球创投峰会在西安盛大开幕。本次论坛上,清科研究中心连续第三年发布了年度中国城市科技金融发展指数。在 2021 年度指数中,北京、上海、深圳、广州、杭州、南京、武汉、西安、成都、天津分列前十。

科技金融是促进科技创新和科技发展的各类金融工具的总称,发展科技金融是落实创新驱动发展战略、建设创新型国家、转变经济发展方式、调整经济结构的重大举措。《中华人民共和国国民经济和社会发展第十四个五年规划和2035 年远景目标纲要》中明确提出创新科技金融产品、畅通科技企业融资渠道、鼓励股权创业投资发展,多措并举提升金融对科技企业支持力度。近年来,得益于中央及地方政府在政策、制度供给和财政科技经费等方面给予的大力支持,我国科技金融整体环境不断改善。

为了更直观地展现各地区科技金融发展情况,横向、纵向进行比较和分析,清科研究中心在 2021 年城市科技金融指数研究过程中,在保持研究对象和研究方法的延续性、稳定性的基础上对部分评价指标进行优化升级;选取了政策环境上具备优势、创新创业服务潜力较大、金融活跃度较高、科技金融发展成果显著的 30 个城市进行研究评价;制定了中国城市科技金融发展指数体系,包含政策环境服务、创新创业服务资源、科技金融活跃度、科技金融发展成果 4 个一级指标、13 个二级指标、41 个三级指标,用以综合衡量区域科技金融发展水平和服务能力。该指数可以对科技和金融结合实施成效进行动态评估,为各城市科技金融发展提供参考、借鉴。

① 清科研究中心:2021 年中国城市科技金融发展指数[EB/OL]. (2021-06-25)[2022-12-06]. https://finance. sina. com. cn/tech/2021-06-25/doc-ikqcfnca3063209. shtml.

1. 中国城市科技金融发展综合指数

东部城市科技金融发展领先,中西部城市崛起之势强劲。北京、上海、深圳作为金融中心、科创中心,其科技金融发展水平远高于其他城市;东部的杭州、广州、南京、天津,以及中西部的武汉、西安、成都,均是区域重要经济城市和科技创新城市,其科技金融发展位居前十,但明显落后于北京、上海、深圳。西安综合排名第八,较2020年上升一位。西安在创业资源及创新活力、科技发展成果等方面表现良好,科技金融服务方面有较大的潜力。西安市科技金融发展形成了以政策、财政经费支持为主导,科技信贷、股权投资、多层次资本市场等各类金融市场以及科技类企业为主体,孵化器、众创空间等创新创业资源为支持,金融与科技领域联动,协同推进西安市科技产业发展的繁荣局面。

2. 中国城市科技金融发展分项指数

政策环境指数:政策环境逐渐完善,北京持续保持领先优势。我国科技金融政策环境逐渐走向完善,华北地区的北京保持持续领先优势,华南地区的深圳、广州紧随其后,华东地区的苏州、南京超过上海位居前五,东北地区相对靠后。西安市排名第十,较2020年,西安市政策环境指数略有下降,但仍然处于中上水平。近年来,西安在信贷、上市、优化地方融资环境等方面频频发力,西安科技金融政策逐渐完善;财政支持科技逐渐向市场化发展,西安市市级、区县级政府引导基金在扶持企业方面有较大的潜在动力,撬动社会资本融入西安科技企业发展中。

创新创业服务资源指数:城市创新创业发展参差不齐,东部地区优势较为明显。我国局部创新创业环境参差不齐,东西部城市发展差异较大,东部地区优势明显,地区排名领先,北京、上海持续保持绝对优势;中西部及东北地区除个别城市以外,大多数城市整体有待培育。西安名列前茅,位居第三,较2020年有大幅提升。西安在创新创业方面表现较为活跃,主要得益于西安有大量高校和军工相关科研单位,聚集丰富的科研人才和科技资源,各类孵化器和众创空间等创新创业资源载体发展良好,政府给予政策、财政补贴等多方面支持,提高创新创业活力。

科技金融活跃度指数:东部地区占绝对优势,中西部地区势均力敌,东北地

区有较大提升空间。北京、上海、深圳作为国际金融中心核心城市,金融业发展已具备相当规模和聚集度,金融活跃度极高;杭州、苏州、广州金融活动也较频繁;中西部地区的成都跨进前十,合肥、武汉、西安、重庆位处前二十;东北地区相对落后,有待持续提升。西安排名第十七,指数排名较 2020 年有所下降。西安科技资源较为丰富,"硬科技"产业基础扎实,科技和金融融合有较大发展潜力。资本市场上,西安在股权投资领域和硬科技企业上市方面有较大的提升空间,尤其应多引导资本市场金融资源配置到战略性新兴产业和"硬科技"产业领域。

科技金融发展成果指数:头部城市强者恒强,中西部地区发展持续发力。北京、上海科技金融发展成果连续三年保持绝对优势,华南地区的深圳、广州紧相随;中西部的武汉、西安、成都等持续发力,科技金融发展备受关注,其指数位居前十。西安排名第六,与 2020 年指数排名持平。西安市经济发展稳中有进,工业增长稳中有升,高技术和战略性新兴产业引领发展,尤其在技术合同输出方面较 2020 年提升显著,其他经济指标明显向好。另外,西安高新区经济走势稳健,实现自身发展跃升,在全国高新区中名列前茅,引领经济保持强劲增长势头,对西安市的贡献度再创新高。

总体看来,我国科技金融环境不断改善,但科技与金融仍需进一步融合发展,科技金融区域发展呈现一线城市科技金融体系较为健全,头部效应明显,中西部部分城市科技金融崛起,利用其自身优势促进科技与金融融合的特点。为进一步发挥金融对科技产业发展的推动作用,需加强政策引导、完善政策体系、引导社会资本融入科技领域、提高企业融资能力,加强金融机构创新,加大其服务科技领域力度。

后　记

2018年，我们出版了《我国科技金融体系构建研究——以杭州为例》；2020年，我们申请了浙江省软科学重点项目《浙江省科技金融服务体系的构建、绩效评价与完善研究》；2023年，我们写成了《浙江省科技金融服务体系构建与完善研究》。本书共用了两年多时间，从确定题目、搜集资料、确定章节、构思提纲到分工写作，几经讨论、斟酌和总结，如今终于定稿。在此过程中，我们考察了浙江省科学技术厅、浙江省地方金融监督管理局、杭州市科学技术局、杭州市高科技投资有限公司、浙江省创业风险投资行业协会、浙江省股权投资行业协会、浙江省天使投资专业委员会、杭州银行科技文创金融事业部、浙江股权服务集团、杭州高科技融资担保有限公司、太平科技保险股份有限公司等组织机构，查阅了不少经典案例和新闻报告，也搜集了很多著作和文献资料。

本书是我们课题组成员集体劳动与团队合作的成果，具体分工如下：贺小海（第一、六、七、八章）、贺小海和周恺秉（第二章）、仰小凤（第三章）、赵玲（第四章）、余晨阳（第五章）。最后，赵玲和贺小海负责本书的统稿和定稿工作。

本书凝聚了来自各方的支持和帮助，在此表示衷心的感谢和由衷的敬意。特别感谢浙江大学出版社的陈静毅编辑和各位审读、校对老师，他们的细致专业和辛勤劳动使本书得以出版。

本书尤其是"本章附录"部分引用了不少作者和从业者的成果和资料，在此诚致谢忱！由于作者水平有限，本书难免会有不当和遗漏之处，恳请广大读者和专家批评指正。

编著者

2023年8月